30の事例で理解する

校長・教頭の合理的配慮

編集：**柘植雅義**（筑波大学教授）

❖ はじめに

　近年、発達障害をはじめ、種々の障害のある子どもへの教育に大きな関心や期待が寄せられ、制度改正や法整備などが進み、全国各地の学校での取り組みが充実し、現在に至っている。

　このようななか、「合理的配慮」(reasonable accommodation) という概念が、近年になって登場した。しかも、日本のみならず、多くの諸外国において。つまり、世界共通言語、とでもいうような存在として。

　これは、画期的なことであり、種々の関係者間や、サービスを提供する側と受ける側との間、障害のある本人と周りの人々の間、などなどでのかかわりをより明確にしていくことが期待される。これまで、そのような間で「そんなつもりではなかった」とか「約束が違う」などという言葉が繰り返されてきたとすれば、今後は、言った、言わない、といった残念な食い違いは、大幅に減っていくだろう。

　とくに学校場面に目を向けると、通常学級で学ぶ種々の障害のある子どもに、適切な合理的配慮が提供され、いっそう確かな学びと豊かな学校生活に向かっていくことが可能となるのである。

　つまり、障害のある子どもが、障害のない子どもたちから離れて、分かれて、別の場で別の教育を受けるのではなく、通常学級で共に学び生活する、というスタイルにいっそう近づくことを可能にするものである。つまり、合理的配慮とは、これからの「インクルーシブな教育や社会」(国連の障害者権利条約) のキーワードなのである。

　そしてまた、学校の管理職こそが、まず、その理念や基本的な考え、具体的な提供のあり方、それによる効果の把握などを、積極的に行っていくことが期待される。これからの学校管理職の必須の役割の一つとして位置づいていくことだろう。

　さて、合理的配慮の提供の法的根拠は、障害者差別解消法である。これは、国連の障害者権利条約を批准するにあたって、国内法の整備の一貫として成立・施行されたもので、障害による差別の禁止と、必要な合理的配慮の提供を謳っている。そして、その先には、共生社会 (内閣府) の実現がある。

このようななか、全国各地で、合理的配慮の提供に関する模索が始まった。とくに教育の分野においては、その具体的な内容の提示やデータベースの構築・公開等が始まっている。

そこで、本書は、まず、第1章で、校長・教頭のための合理的配慮の基礎・基本について述べた後、事例編の第2章～第4章では、それぞれ、事例で理解する子どもの困り感、事例で理解する合理的配慮・基礎的環境整備、事例で理解する支援の検証とアフターケア、と題して紹介する。事例は、実際の事例を踏まえ、必要に応じて加工したり、複数の事例を融合して構成したりした。最後に、第5章では、合理的配慮の提供にとくに重要となってくるであろう保護者に焦点を当てて、保護者との信頼関係づくりのための基本的な考え方や方策を紹介した。

最後に、全国の学校が、差別のない学校へ、必要な合理的配慮が提供される学校へ、そして、社会的障壁のない学校へ、と向かうことを願って。

2018年4月

編者：柘植雅義

❖目次❖

はじめに…柘植雅義・3

§1 校長・教頭のための合理的配慮の基礎・基本

● 合理的配慮とは何か…柘植雅義・10

● 合理的配慮の提供と校内体制整備…藤本裕人・15

● 合理的配慮の提供と教員へのサポート…久保山茂樹・20

● 合理的配慮の提供と本人・保護者との連携…古川恵美・24

● 合理的配慮に係る法的根拠…田中裕一・28

§2 事例で理解する子どもの困り感

● 登校を渋る背景にある「困り感」…福田哲也・34

● 面となって支える教師集団づくり…上戸綾子・38

● 見えにくいところを見取る目と心——その子なりの歩みを進めるために…
  佐敷恵威子・42

● 発達支援をつなぐ——「3K！心・機動力・根拠」を大切に…松浦加代子・46

● 友だちとのトラブルが続き、書字に困っている子ども…長谷川和彦・52

● 3年生になって学習態度が変化した子ども…古田島真樹・56

● 困り感の解消に向けた学校生活のルールの理解…田野信哉・60

● 特定の授業から問題行動を起こす子どもへの対応…関口利夫・65

● 実行機能の課題や弱さのある子ども…福田宜男・70

● 主に学習につまずきや課題のある子ども…福田宜男・74

§3 事例で理解する合理的配慮・基礎的環境整備

● 校長自らが障害について学び、支援体制構築をめざして…平田陽介・80

- ●合理的配慮の提供を求めて「学級担任を代えてほしい」という保護者…松本良一・84
- ●地域の子どもと過ごさせたい──親の思いを実現していくために…佐敷恵威子・88
- ●「すべての子」が安心して学校生活を送るための基礎的環境整備…藤井孝雄・92
- ●読み書き障害（ディスレクシア）の子どもへの対応…本間謙一・97
- ●合理的配慮の提供における管理職の役割…栗岡秀明・102
- ●肢体不自由のある子どもへの支援──早期相談・早期要望・継続的な支援…矢田明正・107
- ●校長のリーダーシップで構築するインクルーシブ教育システム…永妻恒男・111
- ●実行機能の課題や弱さのある子ども…福田宜男・115
- ●主に学習（言語）に課題や弱さのある子ども…福田宜男・119

§4 事例で理解する支援の検証とアフターケア

- ●管理職としての関係調整力と具体的な「つなぐ支援」の実際…中尾恵子・124
- ●発達障がい者支援センターを活用した事例…公文眞由美・128
- ●学校行事で見せる子どもの姿をめぐって…三浦由美・132
- ●一人ひとりを大切にするあたりまえの教育を高校の指導・支援から考える…山口比呂美・136
- ●中学校入学を機に障害を受け入れ、よりよい支援を求める母子…和泉哲章・142
- ●中学校進学に向けた関係機関との連携と保護者との合意形成…中田仁司・146
- ●ASDの特性がある子どもの中学校生活と高校進学…山田明・150
- ●読むことに困難さをかかえる子どもへの合理的配慮…宮原明人・155
- ●実行機能の課題や弱さのある子ども…福田宜男・159

●主に学習（言語）に課題や弱さのある子ども…福田宜男・163

§5　保護者との信頼関係づくり五つの原則

●お互いの存在に関心を示し合うということ…日野久美子・168

●保護者の価値観を尊重する…川島民子・172

●否定せず保護者の思いに焦点をあてて聴く…古田島恵津子・177

●面談は保護者が元気になることが原則…櫻井康博・181

●継続的に協力・連携する…原田浩司・186

§1

校長・教頭のための
合理的配慮の基礎・基本

校長・教頭のための合理的配慮の基礎・基本

合理的配慮とは何か

筑波大学教授 柘植 雅義

1．合理的配慮と国連の障害者権利条約

　国連が、第61回国連総会において「障害のある人の権利に関する条約」（障害者権利条約）を採択し（2006年12月）、日本が条約を批准した（2014年1月）。この批准に向けた国内法の整備等のなか、障害者差別解消法が成立・施行した。なお、たとえば韓国は2008年12月に批准、フランスは2010年2月に批准している。それらに比べて日本の批准は遅いが、批准に向けた国内法の整備をていねいに進めたこともその要因であろう。その主なものは、以下のとおりである。障害者基本法：改正、障害者雇用促進法：改正、障害者総合支援法：成立・施行（障害者自立支援法より）、障害者虐待防止法：成立・施行、障害者差別解消法：成立・施行、発達障害者支援法：改正、その他。

　以上のような、国連総会以降の各国の動向の一方で、アメリカで他国に先駆けて成立・施行された、1990年の、「障害をもつアメリカ人法（Americans with Disabilities Act）」（ADA）は、いわゆる「障害者差別禁止法」であり、日本において障害者差別解消法が成立し施行される25年ほど前のことである。そして、この法が、国連の障害者権利条約に影響を与えた（合理的配慮の概念など）。

　そして、この条約で、"Reasonable accommodation"（合理的配慮）が定義された。

2．合理的配慮の定義

　国連の障害者権利条約における定義は、以下のとおりである。
CONVENTION ON THE RIGHTS OF PERSONS WITH DISABILITIES
Article 2 Definitions
　"Reasonable accommodation" means necessary and appropriate modification and adjustments not imposing a disproportionate or undue

burden, where needed in a particular case, to ensure to persons with disabilities the enjoyment or exercise on an equal basis with others of all human rights and fundamental freedoms;

障害者の権利に関する条約

第2条　定義

「合理的配慮」とは、障害者が他の者との平等を基礎として全ての人権及び基本的自由を享有し、又は行使することを確保するための必要かつ適当な変更及び調整であって、特定の場合において必要とされるものであり、かつ、均衡を失した又は過度の負担を課さないものをいう。(外務省訳)

3．日本における合理的配慮の定義

　障害者差別解消法(障害を理由とする差別の解消の推進に関する法律)が、平成28 (2016) 年4月1日に施行された。この法律は、障害のある人に「合理的配慮」を行うことなどを通じて、「共生社会」を実現することをめざしている。漢字にふり仮名を振るなど、いっそう分かりやすく解説した「合理的配慮を知っていますか?」(内閣府のパンフレット)によると、以下のように述べられている。

　「合理的配慮は、障害のある人から、社会の中にあるバリアを取り除くために何らかの対応を必要としているとの意思が伝えられたときに、負担が重過ぎない範囲で対応すること(事業者については、対応に努めること)が求められるものです。重すぎる負担があるときでも、障害のある人に、なぜ負担が重すぎるのか理由を説明し、別のやり方を提案することも含め、話し合い、理解を得るよう努めることが大切です」。

　一方、中央教育審議会初等中等教育分科会報告「共生社会の形成に向けたインクルーシブ教育システム構築のための特別支援教育の推進」(平成24年7月)によると、「合理的配慮」とは、障害のある子どもが、他の子どもと平等に「教育を受ける権利」を享有・行使することを確保するために、学校の設置者や学校が必要かつ適当な変更・調整を行うことであり、障害のある子どもに対し、その状況に応じて、学校教育を受ける場合に個別に必要とされるものであり、学校の設置者および学校に対して、体制面、財政面におい

て、均衡を失したまたは過度の負担を課さないものである。また、「基礎的環境整備」とは、この「合理的配慮」の基礎となるものであって、障害のある子どもに対する支援について、法令に基づきまたは財政措置等により、たとえば、国は全国規模で、都道府県は各都道府県内で、市町村は各市町村内で、それぞれ行う教育環境の整備のことである。また、「合理的配慮」は、「基礎的環境整備」を基に個別に決定されるものであり、それぞれの学校における「基礎的環境整備」の状況により、提供される「合理的配慮」も異なる。なお、「基礎的環境整備」についても、「合理的配慮」と同様に体制面、財政面を勘案し、均衡を失したまたは過度の負担を課すものではないことに留意する必要がある。

4. 合理的配慮の教育分野での内容

「合理的配慮」の構成と内容は、以下のような構成となっている。

①教育内容・方法
　①-1　教育内容
　①-1-1　学習上または生活上の困難を改善・克服するための配慮
　①-1-2　学習内容の変更・調整
　①-2　教育方法
　①-2-1　情報・コミュニケーションおよび教材の配慮
　①-2-2　学習機会や体験の確保
　①-2-3　心理面・健康面の配慮
②支援体制
　②-1　専門性のある指導体制の整備
　②-2　子ども、教職職員、保護者、地域の理解啓発を図るための配慮
　②-3　災害時等の支援体制の整備
③施設・設備
　③-1　校内環境のバリアフリー化
　③-2　発達、障害の状態および特性等に応じた指導ができる施設・設備の配慮
　③-3　災害時等への対応に必要な施設・設備の配慮

つまり、大きく、①教育内容・方法、②支援体制、③施設・設備、に分かれる。まず、①は、さらに、①-1 教育内容、と、①-2 教育方法、に分かれ、①-1 教育内容、は、当初の学習内容を変更せずに、学習上または生活上の困難を改善・克服するための配慮と共に、そもそも学習内容を変更したり調整したりすることに分かれる。この二つの違いは大きい。また、①-2 教育方法、では、学習に係る情報・コミュニケーションや教材の配慮、学習機会の確保、さらには、学習にあたっての心理面や健康面の配慮も含まれる。次に②は、まずは、専門性のある指導体制の整備が記載されている。つまり、校内や自治体内で、教師の専門性や、より広く学校や自治体としての専門性のある指導体制の整備を進めることが、合理的配慮の提供ということになることが分かる。また、障害のある子どもと共に学び生活する他の子ども、教職員、保護者、地域の理解啓発を図るための配慮も、合理的配慮であると示されている。次に、③は、校内環境のバリアフリー化や、発達、障害の状態および特性等に応じた指導ができる施設・設備の配慮も、合理的配慮として示されている。

5．合理的配慮の提供に関する取り組み

幼稚園、小学校、中学校、高等学校等における合理的配慮の提供に関する取り組みが、全国各地で始まっている。本書では、この後、第2章から、合理的配慮の提供に関する30の事例を紹介している。また、好事例は、国立特別支援教育総合研究所による合理的配慮に関するデータベースを参照のこと（http://inclusive.nise.go.jp/）。

6．合理的配慮に関する理解啓発

障害のある子どもへの必要な合理的配慮の提供が進むには、障害のある子どもたちと、学校で共に学び共に学校生活をする子どもたちへの、合理的配慮に関する確かな理解啓発が重要である。そして、そのような取り組みは、中学生や高校生の段階はもちろんのこと、小学生の段階からも大切であろう。

〈参考文献〉

⑴　柏植雅義「障害による差別の解消に向けた取り組み」NHK総合テレビ『視点・論点』（放映／アーカイブ〈オンデマンド〉）、2016年4月20日、http://www.nhk.or.jp/kaisetsu-blog/400/243252.html。

⑵　柏植雅義「発達障害と教育における『合理的配慮』」ラジオNIKKEI『小児科診療 UP-to-DATE』（放送／アーカイブ〈オンデマンド〉）2017年3月8日、http://medical.radionikkei.jp/uptodate/uptodate_pdf/uptodate-170308.pdf。

⑶　柏植雅義「小学生にもできることがある。図解なるほど316：障害者差別解消法とは」「毎日小学生新聞」2016年5月5日号、毎日新聞社。

⑷　柏植雅義「『障害者差別解消法』のポイントと課題」『季刊 教育法』No.190、エイデル研究所、2016年。

⑸　柏植雅義『特別支援教育──多様なニーズへの挑戦』中央公論新社、2013年。

⑹　柏植雅義「障害者差別解消法による『合理的配慮』と特別支援教育／インクルーシブ教育」『都市問題』2017年7月号、後藤・安田記念東京都市研究所。

校長・教頭のための合理的配慮の基礎・基本

合理的配慮の提供と校内体制整備

帝京平成大学教授　藤本　裕人

1．合理的配慮を提供するための校内体制整備とは

　合理的配慮を提供する校内体制整備とは、障害のある児童・生徒の合理的配慮が提供できるプロセスを校内に構築することである。個々の児童・生徒に必要な合理的配慮を判断し提供していく際に、学校管理職が基本事項として踏まえることとして、①合理的配慮は中央教育審議会初等中等教育分科会の「共生社会の形成に向けたインクルーシブ教育システム構築の特別支援教育の推進（報告）」（以下、中教審報告）を踏まえた対応が適当であること、②学校内の相談支援体制の整備では、校長がリーダーシップを発揮して校内体制を整備し、組織的に対応することが重要であること、③研修・啓発では、学校教育が担う重要な役割を認識し、教職員一人ひとりが法の趣旨を理解し、障害に関する理解を深めることが重要であること、以上の3点に注意しなければならない。

　合理的配慮は、「障害を理由とする差別の解消の推進に関する法律」（以下、障害者差別解消法）に基づいて対応するものであり、とくに「障害者から現に社会的障壁の除去を必要としている旨の意思の表明があった場合」に合理的配慮の法的概念が生じるため、学校が合理的配慮を提供する場合には、まず法の趣旨にのっとり、本人（保護者）からの意思の表明の確認が不可欠となるわけである。

　「文部科学省所管事業分野における障害を理由とする差別の解消の推進に関する対応指針の策定について（通知）」では、「……意思の表明がない場合であっても、当該障害者が社会的障壁の除去を必要としていることが明白である場合には、法の趣旨に鑑み、当該障害者に対して適切と思われる配慮を提案するために建設的対話を働きかけるなど、自主的な取組に努めることが望ましいこと」が示されている。

　障害のある児童・生徒は、成長・発達の途中であり意思の表明の力を形成

する段階なので、本人のコミュニケーション力を考慮しなければならない。また、本人・保護者が障害者差別解消法に定められている意思の表明のことを知らないがゆえに、あるいは、本人が意思の表明が困難であるために、結果として障害のある児童・生徒の権利が確保されないことがあってはならないのである。

　平成29年度の内閣府「障害者に関する世論調査」では、障害者差別解消法を「知らない」と答えた者が77.2%、「知っている」と答えた者の割合が21.9％（「法律の内容も含めて知っている」5.1％、「内容は知らないが、法律ができたことは知っている」16.8％）であり、教職員への研修と保護者や地域への啓発が必要であることを認識しておきたい。

　わが国においては障害者差別解消法が、平成28年4月より施行されている。「合理的配慮の否定」が差別になることを教職員に正しく理解させ、中教審報告で示された基礎的環境整備の把握と、3観点11項目に基づいて個人に必要な合理的配慮を確保しなければならない。その際には、校内の特別支援教育コーディネーターや特別支援教育担当者の専門性を活用して、合理的配慮が検討できる校内体制整備を構築していくことなる。

　学校内の検討だけで合理的配慮を判断できない場合（人的配置、財政面等）が生じたときは、学校長は学校設置者（市区町村教育委員会）と合理的配慮の判断に関して連絡を取り調整を行う必要がある。各学校の取り組みが教育委員会に集約され教育行政に反映されることで、その地域全体の学校施設のバリアフリー化や心のバリアフリーへの取り組みが向上していくことになる。このことは、今後の共生社会形成をめざすうえで重要な側面である。

　合理的配慮の提供を検討するに当たって、障害者である児童・生徒ならびにその保護者に対し十分な情報の提供を行うとともに、可能な限りその意向を尊重するところが出発点となる。障害のある児童・生徒が、その年齢および能力に応じ、かつ、その特性を踏まえた十分な教育が受けられるようにするため、可能な限り障害者である児童・生徒が障害者でない児童・生徒と共に教育を受けられるよう配慮しつつ教育の内容および方法の改善および充実を図る等、必要な施策を講じることが大切である。

2．合理的配慮の提供プロセス

　障害者差別解消法の施行に伴い、公立の学校では、必ず合理的配慮への対応を行わなければならない。私立の学校の場合は、努力義務となる。ここでは、どのように合理的配慮を校内で提供するかについて述べる。

⑴　新入生の場合

　新入生は、市区町村教育委員会の合理的配慮に関する検討も経て、学校に入学・進学してくるため、学校長は、学校設置者の教育委員会の判断を踏まえて、個人に必要な合理的配慮を提供していくことになる。基礎的環境整備そのものの改善が必要な場合は、学校設置者と連携しながら対応することになる。そして、入学してきた対象児童・生徒の合理的配慮は、その子どもの成長・発達に応じて見なおしていくことになる。

⑵　在校生の場合

　すでに在籍して学習している児童・生徒の場合は、校内に合理的配慮に対応する相談支援体制を整備し、学校として一貫した対応ができるようにしなければならない。校内就学支援委員会や特別支援教育校内支援委員会がすでに設けられている場合は、その体制を活用していくことが現実的である。学校として、①本人・保護者から合理的配慮の意思の表明がある場合（開始・中止）、②本人・保護者が障害者差別解消法を十分に知らないため合理的配慮が確保されない場合、この２点に対応できる体制を整備していくことになる。

⑶　具体的な校内体制整備（参考例）

　各学校における合理的配慮の提供プロセスについて、参考例を図に示す。

①校長のリーダーシップ

　合理的配慮を提供していくことについて、学校長がリーダーシップをとり、校務運営員会・校務分掌等へ位置づけ、学校だより等で、障害者差別解消法の情報提供と、合理的配慮の申し出に関する窓口を明らかにする。

②意思の表明と建設的対話

　意思の表明を確認するプロセスを設けるため、障害のある児童・生徒が入学・転学してくる場合には、事前に本人・保護者との相談の機会を持ち、学

図 各学校における合理的配慮の提供プロセス

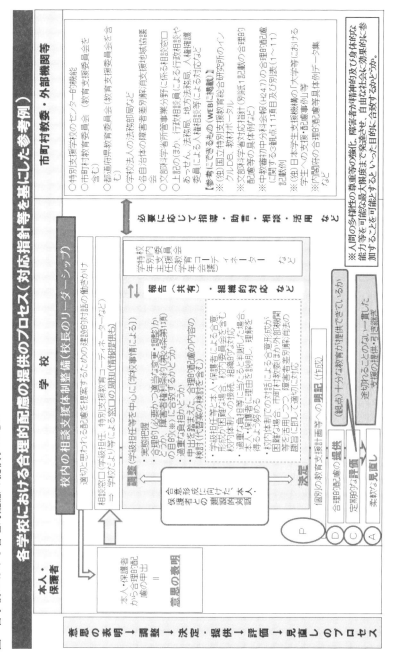

校で提供する合理的配慮について話し合いを行う。すでに学校に在籍している障害のある児童・生徒には、障害者差別解消法が施行されていることを説明し、今まで学校で行ってきた個人に必要な配慮を説明する。従来の配慮を継承していく確認を行うと同時に、児童・生徒の成長・発達に伴う新たな見直しが必要ないか相談するなどして、合理的配慮の申し出の機会を設け、合意形成に向けて建設的対話を行う。学級担任等が合意形成に至るまでの調整を行う際には、学年主任・特別支援教育コーディネーター・校内委員会等と連絡・連携する組織的対応が重要であり、必要に応じて市区町村教育委員会や外部機関等から指導・助言を受ける。参考にできるもの（web）として国立特別支援教育総合研究所（インクルDB）や内閣府「合理的配慮サーチ」がある。

③個別教育支援計画等への明記

　合意形成を経て決定した合理的配慮は、個別の教育支援計画等に明記し、合理的配慮を提供する。十分な教育が提供できているかという観点で定期的に評価し、途切れることない一貫した支援が提供できているかどうか、必要に応じて柔軟に見直していくことになる。

〈参考文献〉
(1)　「障害を理由とする差別の解消の推進に関する法律」平成25年。
(2)　「文部科学省所管事業分野における障害を理由とする差別の解消の推進に関する対応指針の策定について（通知）」平成27年11月26日。
(3)　「障害者に関する世論調査」内閣府、平成29年。
(4)　「『文部科学省所管事業分野における障害を理由とする差別の解消の推進に関する対応指針』の基本的考え方」『特別支援教育』No62、東洋館出版社、平成28年。

校長・教頭のための合理的配慮の基礎・基本

合理的配慮の提供と教員へのサポート

国立特別支援教育総合研究所総括研究員　久保山　茂樹

　校内の特別支援教育の推進において、管理職のリーダーシップが重要であることは言うまでもない。とくに、通常の学級の教員に対して、自分たちも特別支援教育の担い手であり、合理的配慮を提供する立場にあることを認識してもらえるような手立てを準備しておく必要がある。ここでは、そうした手立てについて、学習指導要領を紐解くこと、特別支援学級や通級による指導から学ぶこと、他機関と連携から学ぶこと、保護者から学ぶことの4点をあげて解説する。

1．学習指導要領を繰り返し紐解く

　2017年の改訂で、小学校学習指導要領解説の総則編に、「我が国においては、『障害者の権利に関する条約』に掲げられている教育の理念の実現に向けて」や「通常の学級にも、障害のある児童のみならず、教育上特別の支援を必要とする児童が在籍している可能性があることを前提に」という記述が入った（中学校学習指導要領にも同様の記述）。これは、通常の学級を担任するどの教員も「障害者の権利に関する条約」の理念を学ぶ必要があり、合理的配慮を提供する可能性があることを示している。

　さらに「障害のある児童などの『困難さ』に対する『指導上の工夫の意図』を理解し、個に応じた様々な『手立て』を検討し、指導に当たっていく必要がある」とし、通常の学級の授業における具体的な配慮を紹介している。たとえば、「読み書きや計算などに困難があるLD（学習障害）の児童についての国語科における書き取りや、算数科における筆算や暗算の指導などの際に、活動の手順を示したシートを手元に配付するなどの配慮により対応することが必要である」などである。このようなことは、特別支援教育が浸透した今日においては当然のように行っている教員もいる。しかし、校内のどの学級でも確実に行っていけるように、管理職が、繰り返し伝えたり、他にも配慮の方法はないかを問いかけたりすることが重要である。このことを含め、総

則の「第4節　児童の発達の支援」の「2　特別な配慮を必要とする児童への支援」は繰り返し紐解き、その内容を全教職員に周知したい。

　さらに、今回の改訂では、各教科編において、「障害のある児童への配慮についての事項」が具体的に解説されている。たとえば、国語編では「文章を目で追いながら音読することが困難な場合には、自分がどこを読むのかが分かるように教科書の文を指等で押さえながら読むよう促すこと、行間を空けるために拡大コピーをしたものを用意すること、語のまとまりや区切りが分かるように分かち書きされたものを用意すること、読む部分だけが見える自助具（スリット等）を活用することなどの配慮をする」など、三つの配慮例が記されている。また、体育編では「勝ち負けに過度にこだわったり、負けた際に感情を抑えられなかったりする場合には、活動の見通しがもてなかったり、考えたことや思ったことをすぐに行動に移してしまったりすることがあることから、活動の見通しを立ててから活動させたり、勝ったときや負けたときの表現の仕方を事前に確認したりするなどの配慮をする」など、二つの配慮例が記されている。これらは、合理的配慮の具体例として通常の学級の教員にわかりやすい内容であり、校内で共有したい。

　こうした配慮例の記述に加えて「なお、学校においては、こうした点を踏まえ、個別の指導計画を作成し、必要な配慮を記載し、翌年度の担任等に引き継ぐことなどが必要である」と記述されており、合理的配慮を個別の指導計画に記載することや学年を越えて引き継ぎ活用することを求めている。その実現には、管理職のリーダーシップやサポートが重要である。

2．特別支援学級や通級による指導から学ぶこと

　小・中学校に設置されている特別支援学級や通級指導教室は、合理的配慮に関する学びの宝庫である。通常の学級の教員が、そのことに気がつけるような手立てを講じる必要がある。

　ある小学校では、校内研究で授業研究に取り組んだが、その中心に特別支援学級の授業研究を置いた。研究授業には、校長、教頭はもちろん、すべての通常の学級の教員が参観し、熱心にメモを取っていた。その後の校内研究会では、特別支援学級における授業内容・方法や、一人ひとりの子どもへの

支援から通常の学級の教員が学ぶこと、通常の学級に取り入れられることが話し合われた。さらには、教材の作成方法についての具体的な質問が出されたり、支援方法の実技講習が行われたりした。通常の学級の教員が熱心なのは、この学校では、特別支援学級との交流及び共同学習が盛んであることも理由としてあげられる。いつも、交流及び共同学習で自分の学級に来ている特別支援学級の子どもが、基礎的環境整備と合理的配慮が十分なされている特別支援学級でどのような学びの姿を見せるのか、通常の学級の教員には興味深いはずである。実際、「○○さんが、あんなに集中する姿をはじめて見た。自分の学級でもできることがないか考えたい」などの感想が出された。このような校内研究を通じて、通常の学級で提供できる合理的配慮の選択肢が広がるのである。こうしたことを可能にするのは、学校経営の中心に特別支援学級や通級指導教室をおく管理職の発想と実行力である。

3. 他機関との連携から学ぶこと

中央教育審議会初等中等教育分科会報告（2012年）は、「5. 特別支援教育を充実させるための教職員の専門性向上等」のなかで、「すべての教員が多岐にわたる専門性を身に付けることは困難なことから、必要に応じて、外部人材の活用も行い、学校全体としての専門性を確保していくことが必要である」としている。

たとえば、粗大運動等の運動機能に課題のある子どもに対して、理学療法士（PT）は、適切な身体の動かし方や練習方法を提示することができる。また、微細運動に課題があり、不器用さのある子どもに対して、作業療法士（OT）は、練習方法の提示やその子にあった教材・教具の提案をすることができる。構音障害や吃音、ことばの発達の遅れのある子ども、あるいは摂食嚥下に困難さがある子どもに対して、言語聴覚士（ST）は、練習方法や器具の提案をすることができる。

通常の学級の教員が、外部専門家と同じことを行うことはできないが「通常の学級でできること」の提案を受けることで、対象の子どもに実施できる合理的配慮の選択肢が増えることになり、合理的配慮に関する学びの機会となる。また、特別支援学校の教員も外部の専門家と考えられる。特別支援学

校との交流及び共同学習の機会は、さまざまな障害のある子どもへの合理的配慮を学ぶ機会となる。さらに、特別支援学校が実施する教材作成等の講習会も同様である。管理職は、地域の専門家に関する情報収集や関係づくりを行い、その専門性を校内で活用できるようにしておきたい。そのためには、地域の「特別支援教育連携協議会」等に参加することなどが重要である。

4．保護者から学ぶこと

　合理的配慮の提供について、中央教育審議会初等中等教育分科会報告（2012年）の「3．障害のある子どもが十分に教育を受けられるための合理的配慮及びその基礎となる環境整備」によれば、「『合理的配慮』は、一人一人の障害の状態や教育的ニーズ等に応じて決定されるものであり、設置者・学校と本人・保護者により、発達の段階を考慮しつつ、『合理的配慮』の観点を踏まえ、『合理的配慮』について可能な限り合意形成を図った上で決定し、提供されることが望ましく、その内容を個別の教育支援計画に明記することが望ましい」とされている。つまり、合理的配慮の提供には、学校と本人および保護者との合意形成が重要である。

　合理的配慮の否定は、障害を理由とする差別と見なされることから、本人や保護者からの提案される合理的配慮に対しては慎重な対応が求められる。そのため、合理的配慮に関する合意形成は、通常の学級の教員だけで対応するのは困難な場合がある。特別支援教育コーディネーターが協働することが基本であるが、学校を運営する立場の者として、管理職が話し合いに入ることで保護者の信頼を得やすくなる。

　管理職は、本人や保護者からの提案が「均衡を失した又は過度の負担を課さない」ものかどうかを判断することを求められるが、それに当たって重要なのは、本人や保護者の話を傾聴することである。保護者には、その子どもと長い時間をかけて得た、適切なかかわりや配慮という知恵や経験がある。なかには、それをそのまま学校内で実現することはむずかしいものもあるかもしれない。しかし、まずは、保護者の経験や思いから学び、そこから合意形成を図っていくことが重要である。

校長・教頭のための合理的配慮の基礎・基本

合理的配慮の提供と本人・保護者との連携

畿央大学教授　古川　恵美

1.「合理的配慮」と「合意形成」

　「合理的配慮」は、一人ひとりの障害の状態や教育的ニーズ等に応じて提供されるものである。設置者・学校がその内容を決定する際には、本人・保護者と可能な限り「合意形成」を図ったうえで決定し、提供されることが望ましいとされている。

　学校が、本人・保護者と「合意形成」を図るには、それぞれの学校において、当該の本人が必要としている支援やその保護者の願いに関する理解を深め、学校や学級等における課題を発見・理解し、課題を多面的・多角的に考えていく必要がある。そのうえで、各学校で「合理的配慮」のあり方を形成していくとともに、根拠をもってその学校の考えを主張しつつ、本人・保護者の考えを取り入れながら「合意形成」を図っていくことが求められている。

2. 合理的配慮の提供を伝える「個別の教育支援計画」「個別の指導計画」

　合理的配慮として提供される内容は、本人・保護者と個別の教育支援計画を作成するなかで確認され、明記することが望ましい。

　平成29年3月に公示された小学校学習指導要領において、
「障害のある児童などについては、家庭、地域及び医療や福祉、保健、労働等の業務を行う関係機関との連携を図り、長期的な視点で児童への教育的支援を行うために、個別の教育支援計画を作成し活用することに努めるとともに、各教科等の指導に当たって、個々の児童の実態を的確に把握し、個別の指導計画を作成し活用することに努めるものとする」
と示された。幼児期から学校卒業後までの一貫した支援を行うためには、本人・保護者を中心とし、学校と医療機関や福祉機関等の関係機関と連携することが重要である。関係機関の取り組みを示したものが「個別の教育支援計

画」であり、計画のなかに「合理的配慮」の内容を明記することで、本人・保護者が受けている支援を各機関に引き継ぐことが可能となる。「個別の指導計画」も同様で、保護者や教員間が子どもの実態を的確に把握でき、効果的に活用することができる。

3．教育相談における本人・保護者との「合意形成」

「教育相談は、一人一人の生徒の教育上の問題について、本人又はその親などに、その望ましい在り方を助言することである。その方法としては、1対1の相談活動に限定することなく、すべての教師が生徒に接するあらゆる機会をとらえ、あらゆる教育活動の実践の中に生かし、教育的配慮をすることが大切である」（「中学校学習指導要領解説　特別活動編」）とされている。

対象となる子どもには、診断がすでに確定している人もいれば、学校生活において何らかの支援を受けていくなかで診断される人もいる。障害を伝えられたとき、動揺し、受け止めきれない保護者は少なくない。しかし、その時期や環境の違い、保護者の元来の性格、障害のある子どもの家族会への入会の有無等で受け止め方は大きく異なる。教育相談を実施する教員は、一人ひとりの保護者の心理状態をよく理解したうえで、長期的かつ、きめ細やかな対応をすることが求められる。

教育相談における傾聴の技法は、本人・保護者の心理状態を理解するのに役立つ。これまで受けてきた治療や療育、各機関からの支援の経過、本人・保護者自身の努力等について、「なるほど、この時期は、このような工夫をされてきたのですね」「現在は、そのように感じているのですね」等の気持ちを汲み取る言葉を伝えながら、表情、視線、姿勢、声の感じ、言葉の内容等に意識を集中して傾聴することが本人・保護者の安心感に繋がる。

教育相談において教員が提供する「望ましい在り方」の助言は、教員自身の経験から考察した一般的なものではなく、対象者一人ひとりの思いを傾聴したなかから得た根拠のあるものとすることが重要である。本人・保護者との関係が長期にわたる学校という場で実施する教育相談は、信頼関係を築く機会であり、発達段階や障害受容の段階を考慮した合意形成を図る機会でもある。

4．健康相談における合理的配慮

　学校保健安全法8条（健康相談）に「学校においては、児童生徒等の心身の健康に関し、健康相談を行うものとする」、同法9条（保健指導）に「養護教諭その他の職員は、相互に連携して、健康相談又は児童生徒等の健康状態の日常的な観察により、児童生徒等の心身の状況を把握し、健康上の問題があると認めるときは、遅滞なく、当該児童生徒等に対して必要な指導を行うとともに、必要に応じ、その保護者に対して必要な助言を行うものとする」とされている。

　学校における合理的配慮とは、対象となる子ども一人ひとりの障害の状態や教育的ニーズ等に応じて決定され一律の基準があるものではない。健康相談における合理的配慮についてもまた同様である。しかし心理面・健康面の配慮の例示として「情緒不安や不登校、ひきこもり、自尊感情や自己肯定感の低下等に応じた指導を行う（カウンセリング的対応や医師の診断を踏まえた対応等）」等があげられている。

　健康相談においては、障害の有無や原因を見つけるだけではなく、保護者の悩みや家族としての考え方を受け止めることが必要である。問題となる子どもの行動ばかりに注目するのではなく、子どもができていることを伝えたり、子どもの好きなところ、得意なところを見つけ、保護者に報告したり、一緒に喜んだりして保護者の不安を和らげることも重要である。

　また、家族支援研究の第一人者である中田洋二郎氏が、「障害児を持つことが負担ばかりでなくその家族の人生に肯定的な影響を与えることは、障害児の家族を援助する立場にある専門家が見逃してはならない観点である」と述べているように、家族自身の変容も見逃してはならない。

　合理的配慮を行っていくうえで、教員は、対象となる子ども一人ひとりの状態や本人を含めた家族としての教育的ニーズ等に応じた個別的な対応を行うため、多くの具体的な内容や事例を蓄積していくことが必要不可欠である。

〈参考文献〉
⑴　「第2編　教育相談・就学先決定のモデルプロセス」『教育支援資料』文部科学省、

2013年。
(2)　文部科学省「発達障害を含む障害のある幼児児童生徒に対する教育支援体制整備ガイドライン」2017年。
(3)　中田洋二郎「親の障害の認識と受容に関する考察――受容の段階説と慢性的悲哀」『早稲田心理学年報』27号、早稲田大学文学部心理学会、1995年。

校長・教頭のための合理的配慮の基礎・基本

合理的配慮に係る法的根拠

文部科学省初等中等教育局特別支援教育課特別支援教育調査官　田中　裕一

※合理的配慮の提供に関して、管理職に読んでいただきたい法令や通知等については、下線を引かせていただいた。熟読をお願いしたい。

1.「障害を理由とする差別の解消の推進に関する法律」制定までに関する法令等の根拠

　平成18年に教育基本法が改正され、国および地方公共団体には、障害のある幼児・児童・生徒が障害の状態に応じて十分な教育を受けられるように教育上必要な支援を講じなければならないことが示された。その改正を受け、平成19年4月から特別支援教育が制度上スタートし、「特別支援教育の推進について（通知）」に基づき、障害のある子どもや障害の可能性のある子どもに対して、その障害の状態等に応じた適切な指導および必要な支援を行うために、自治体や各学校園で体制整備が行われた。

　その特別支援教育の法制化と同時並行の動きのなかに、障害者の人権および基本的自由の享有を確保し、障害者の固有の尊厳の尊重を促進することを目的とし、合理的配慮（reasonable accommodation）の提供等を定めた「障害者の権利に関する条約」があり、24条において教育における考え方が規定されている。この条約は、平成18年12月に国際連合総会において採択され、日本は平成19年9月に署名し、平成26年1月に批准した。

　条約に定められた障害のある子どもへの教育についての考え方は、平成23年の「障害者基本法」の改正の際に、同法4条2に「基本原則」として、「国及び地方公共団体は、障害のある者が、その障害の状態に応じ、十分な教育を受けられるよう、教育上必要な支援を講じなければならない」とされた。

　また、条約に定められた合理的配慮の提供についての教育における考え方は、平成24年7月に中央教育審議会初等中等教育分科会から示された「共生社会の形成に向けたインクルーシブ教育システムの構築のための特別支援教育の推進」（報告）に詳しい。

その後、国内においては、障害を理由として障害者でない者と不当な差別的取扱いの禁止や合理的配慮の不提供の禁止等を定めた「障害を理由とする差別の解消の推進に関する法律」（以下、「障害者差別解消法」という）が平成25年6月に制定され、平成28年4月から施行された。

障害者差別解消法の施行に当たっては、各省庁等が所管する事業分野の対応指針を定めることとなっており、文部科学省においては、平成27年11月26日に「文部科学省所管事業分野における障害を理由とする差別の解消の推進に関する対応指針」（以下、「対応指針」という）について基本的な事項を解説している。

2．「障害者差別解消法」と「対応指針」

「障害者の権利に関する条約」24条には、「人間の潜在能力並びに尊厳及び自己の価値についての意識を十分に発達させ、並びに人権、基本的自由及び人間の多様性の尊重を強化すること」「障害者が、その人格、才能及び創造力並びに精神的及び身体的な能力をその可能な最大限度まで発達させること」「障害者が自由な社会に効果的に参加することを可能とすること」と三つの目的が示され、この目的の実現に当たり、確保するものの一つとして「個人に必要とされる合理的配慮（reasonable accommodation）が提供されること」が求められている。

「障害者差別解消法」は大きく分けて「差別を解消するための措置」と「差別を解消するための支援措置」の二つの事項を定めており、前者は「不当な差別的取扱いの禁止」と「合理的配慮の提供」の二つについて規定している。

不当な差別的取扱いの禁止として「障害を理由として障害者でない者と不当な差別的取扱いをすることにより、障害者の権利利益を侵害してはならない」（7条1項、8条1項）ことを、合理的配慮の提供として「障害者から現に社会的障壁の除去を必要としている旨の意思の表明があった場合において、その実施に伴う負担が過重でないときは、障害者の権利利益を侵害することとならないよう、当該障害者の性別、年齢及び障害の状態に応じて、社会的障壁の除去の実施について必要かつ合理的な配慮をしなければならない（事業者は『努めなければならない』）」（7条2項、8条2項）ことを定めて

いる。

「差別を解消するための支援措置」としては、国や地方公共団体における既存の機関等の活用・充実を図ることによる「相談・紛争解決の体制整備」(14条)、障害者にとって身近な地域における「障害者差別解消支援地域協議会における関係機関等の連携」(17～20条)、「普及・啓発活動の実施」(15条)、「国内外における差別及び差別の解消に向けた取組に関わる情報の収集、整理及び提供」(16条)などを規定している。これらは、障害を理由とする差別の解消を効果的に推進するためには、障害者本人やその周囲からの相談に対して的確に応じるとともに、紛争の防止や解決を図ることができるよう、社会全体として体制整備を図ることや、国民一人ひとりの障害に関する正しい知識の取得や理解が深まり、それぞれの立場において差別解消に向けた自発的な取り組みがなされることが重要であることから、定められているものである。

不当な差別的取り扱いの禁止については、国・地方公共団体つまり国公立学校も、民間事業者つまり私立学校(学校法人)も法的義務がある。合理的配慮の提供は、国公立学校には法的義務があるが、学校法人は努力義務になっている。そこで、文部科学省が所管する分野における事業者に対して、努力義務とはどのようなことであるかを示しているものが、「対応指針」になる。ちなみに、文部科学省が所管する分野における事業者とは、私立学校、社会教育施設、文化・スポーツ施設等を指している。「対応指針」には、不当な差別的取り扱いや合理的配慮の基本的な考え方や留意点、具体例などを盛り込みながら、文部科学省が所管する分野における事業者が適切に対応するために必要な事項を定められている。

合理的配慮は、障害の特性や具体的場面や状況に応じて異なり、多様かつ個別性の高いものであるため、社会的障壁の除去のための手段および方法について、過重な負担の基本的な考え方に掲げた要素を考慮し、代替措置の選択も含め、双方の建設的対話による相互理解を通じて、必要かつ合理的な範囲で、柔軟に対応がなされるものであることから、その決定に至るまでのプロセスが非常に重要と言える。そのプロセスのあり方については、対応指針に基づき、文部科学省初等中等教育局特別支援教育課が主催する合理的配慮

1 校長・教頭のための合理的配慮の基礎・基本

図 合理的配慮のプロセス

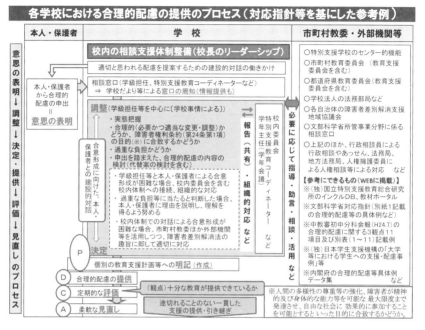

セミナー等で図のように示しており、参考にしていただきたい。

＊

　合理的配慮の具体例については、本稿で紹介した中央教育審議会初等中等教育分科会報告や対応指針にも詳しく示されているが、他にも、内閣府ホームページ「教育 合理的配慮等具体例データ集（合理的配慮サーチ）」や独立行政法人特別支援教育総合研究所「インクルーシブ教育システム構築支援データベース（インクルDB）」などにも詳しい。これらを参考にしながらも、これらはあくまでも例示であり、子どもの障害の実態等に応じた合理的配慮を検討することが非常に重要である。

　また、その際には、法令等を熟読することは言うまでもなく、本人・保護者との建設的対話を実施し、その合理的配慮が必要かつ適当なものであり続けるようにPDCAサイクルによる見直しを図り、さらには必要に応じて、引き継ぐことが大切である。

§2

事例で理解する子どもの困り感

事例で理解する子どもの困り感

登校を渋る背景にある「困り感」

佐賀県白石町立北明小学校教頭　福田　哲也

【事例】入学後1ヵ月ほどで登校を渋るようになった小学校1年生男子Aさん。入学間もない1年生にはよくあることのため、教師間では「慣れるのに時間がかかる子ども」としてとらえられていた。登校時に保健室を利用するという対応を続けたが、登校渋りに加えて学習意欲の低下まで見られるようになった。そこで、教頭が中心となって行動観察やケース会議を重ねるなかで、登校渋りの背景に読み書きの困難さや対人関係上の課題があるのではないかという見立てが出てきたため、医療機関につなぎ連携を図った。その結果、自閉症スペクトラム障害の診断が出されるとともに専門的な助言が得られ、次年度からの通級による指導の実施につながっていった。

1. 慣れるのに時間がかかる子ども

入学式の日は両親と一緒に登校し、終始笑顔で過ごしたAさんであった。きっと翌日からの学校生活が彼にとって楽しく充実したものになるだろうと、家族も担任も確信していた。変化が見られるようになったのは、入学して1ヵ月ほど経った、ある朝である。「家に帰りたい」「お父さんのところに行きたい」と、登校後すぐに涙を流しながらAさんが担任に訴えてきた。その日は担任が励まし続け、教室での学習に参加することができたが、翌日からも同じ訴えが続き、次第に教室に入ることも強く拒むようになった。また、朝送ってきた父親の車から降りるのにも時間がかかるようになってきた。

こういったAさんの様子について担任から報告を受けた教頭は、5月下旬、管理職、担任と関係職員によるケース会議の開催を、教育相談担当（養護教諭）および特別支援教育コーディネーターに指示した。このケース会議のなかで、Aさんは3月生まれで他児よりも幼さが強く残っていること、父親が「厳しさ」に欠け、Aさんの要求をすべて受け入れようとしているため、父親への「甘え」が強く見られること、Aさんと同じ幼稚園出身の児童が学級

内にいないこと、の3点から、Aさんは「新しい環境に慣れるまでに時間がかかる子ども」という見立てで一致した。そこで、その後の対応として登校後は落ち着くまで1時間程度保健室で対応し、その後教室へ行くよう促すこととした。また、特別支援教育支援員（以下、支援員）もAさんの学級に重点的に配置することとした。ケース会議で決まった対応については、担任および教頭から保護者へ説明を行うとともに、今後は学校と家庭が密に連絡を取り合っていくことを保護者と確認した。

2．複数の見立て

　ケース会議以降、登校後は1校時まで保健室で過ごすことがパターン化し、登校を渋ることはやや少なくなった。しかし、2校時以降、保健室から教室へ行くことに強い抵抗感を示すようになってきて、2校時以降も保健室で過ごすことがしばしばあった。

　学習中の様子にも変化が見られるようになった。2校時以降、教室での授業に参加しても、担任や支援員がAさんのそばについていないとノートやワークシートに書いたり作業をしたりしないようになった。こういった様子は国語や算数の授業で顕著に見られたが、図工や生活科の授業で描いたり作ったりする活動では、個別の支援がなくても進んで取り組んだ。

　また、昼休みに、Aさんに関する他の児童から担任への訴えも増えた。担任が話を聞くと、「オニごっこ」をしていて、Aさんがオニから捕まえられた途端に怒り出して、オニだった友だちとケンカになったり、虫捕りをしていて、捕まえた虫の数が友だちより少ないことに腹を立てたりするということであった。こういったAさんの様子から、担任は、自分の好きなことはするが嫌いなことはしなかったり自分が不利な立場になると理不尽に怒り出したりするなど、いわゆる「わがままな子」としてAさんをとらえるようになった。

　そこで担任は、Aさんの席を最前列に移動させ、授業中は与えられた課題に確実に取り組むように、厳しく指導を続けた。

　1回目のケース会議以降、教頭はほぼ毎日1年生の教室を訪れて、Aさんの学習や生活の様子を観察した。そのなかで、Aさんが担任や支援員の個別

の対応を求める場面が多いことや、書字にとても時間がかかっていること、トラブルの後にいつまでもそのことを言い続けること等が気になり、特別支援教育コーディネーターにも観察を依頼した。Ａさんの様子を観察した特別支援教育コーディネーターも、教頭の気づきと同じような印象を持ったが、その背景まで把握することは困難であった。

6月下旬、教頭は関係者を集めて2回目のケース会議を実施した。そのなかで、担任からはＡさんの行動・態度は、家庭でのこれまでの教育、とくにＡさんの訴えをすべて受け入れる父親の接し方に課題があるという意見が出された。一方、教頭や特別支援教育コーディネーターは、書字を含めた学習上の困難さや気持ちの切り替えのむずかしさ等も、登校渋りや学習意欲の低下などに関係しているかもしれないという意見であった。そこで専門家の助言を仰ぐため、毎月1回の来校日に合わせ、スクールカウンセラー（以下、SC）に、Ａさん本人および保護者との面談と、Ａさんの行動観察を依頼することとした。

3．専門機関へのつなぎ

7月上旬、保護者の了解を得て、SCとの面談および行動観察が行われ、SCから、①Ａさんは大人とのかかわりを好む傾向があり、可能であれば個別の学習指導が効果的であること、②気持ちの切り替えはむずかしいが、場面を替えることで気持ちの切り替えがスムーズになること、③登校渋りの原因の一つに、宿題を完全に終わらせることができていないことがあるため、宿題への対応が必要であること、の3点について助言があった。また、SCから保護者に対して、Ａさんの更なる実態把握のため医療機関の受診がすすめられ、夏休み以降、SCが紹介した医療機関を受診することとなった。

SCからの助言を踏まえて2学期からの個別の指導計画を作成するため、教頭は特別支援教育コーディネーターに指示し、3回目のケース会議を実施した。その結果、管理職および級外職員による週2～3回程度の個別指導を実施すること、授業中の課題や宿題の量をＡさんの実態に応じて調整すること、友だちとのトラブルの後などに気持ちの切り替えがむずかしい場合は、担任からの連絡を受けた級外職員や支援員が別室でＡさんの対応をすること

等を確認し、指導計画に反映させることとした。また、その内容は、職員会議において教頭が説明を行い、全職員に共通理解を図った。

4．診断から支援の充実へ

　約40日の夏休みが終わり、2学期がスタートした。Aさんは登校時になかなか父親の車から降りることができない日が続いたが、登校後は1学期末にケース会議で確認した対応を行うことによって、少しずつ登校を渋る回数も減ってきた。そんななか、9月から10月にかけて、AさんはSCから紹介された医療機関を保護者と一緒に数回受診した。そして、4回目の受診には教頭も立ち会った。そこで、担当医師から「自閉症スペクトラム障害」の診断が出されるとともに、①知的発達の遅れはないが、視知覚認知の弱さに伴う読み・書きの困難さが見られるため、特別な支援が必要であること、②対人関係上の困難さが見られるため、日常生活場面での指導・支援に加え、小集団でのソーシャルスキルの指導が有効であること等の助言を受けた。

　11月、教頭は4回目のケース会議を開き、医療機関の診断および助言内容について関係者と共通理解を図るとともに、次年度以降の学びの場について検討を行った。そのなかで、今年度中は個別の指導計画に基づいた個別指導や授業や家庭学習における配慮を継続していくことを確認したうえで、次年度からは、通級による指導を受けることを保護者にすすめることとなった。ただ、通級指導教室は在籍校に設置されておらず、通級による指導を受けるためには、近隣の通級設置校まで保護者が送迎する必要があった。そこで、保護者への説明は、担任、特別支援教育コーディネーターに管理職も加わり行った。保護者は共働きであるため送迎は容易ではなかったが、Aさんのことを第一に考え、父母が交代で送迎するということで通級を了解してくれた。

　11月以降、Aさんの登校渋りはほとんどなくなった。教室での学習ではまだ意欲の低下が時々見られるものの、個別指導等を通して少しずつ、書くことへの抵抗感も和らいできた。

　そして4月。2年生になったAさんは、近隣校の通級指導教室に週1回通い始めた。通級担当の教師にもすぐに慣れ、毎週、保護者と一緒に行く通級を楽しみにしている。

事例で理解する子どもの困り感

面となって支える教師集団づくり

長崎玉成高等学校・長崎玉成高等学校附属中学部教頭　上戸　綾子

【事例】（かぎ括弧内は生徒・保護者の言葉。……後の文は筆者の思い）

○ある日のこと、コミュニケーションに時間を要するＡさんからメモを渡された。

「男子３人から、アイツのどこが可愛いとや、しゃべらんし。と言われる。家に帰って、椅子を蹴っ飛ばしたり、親に感情をぶつけて叫んだ」……メモには漢字をしっかり使い、怒り溢れる文字が（この後の取り組みを話すと長くなるので割愛）。

○会話上手なＢさん、でも読み書きが苦手。

「先生、僕は害のある人間じゃないよ。特別支援教育について、少しぐらい勉強したからと言って、僕たちのことを『分かった』なんて言わないでほしい」……納得。

○まじめで几帳面、でもおしゃべりが苦手なＣさん。

「今の私がすぐに社会で働けるとは思えない。でも、できるものなら社会に出てみたい」……できるよ、きっと。

○こだわりが強く、時々足が止まるＤさんと卒業後に会って。

「高校を卒業し、職業訓練を受けた場所でやっと気の合う友だちと出会えた。訓練所を卒業したくなかった」……友だちができてよかった。

○HRに入れずにいるクラスメイトに向かって話しかけるＥさん。

「大丈夫よ。私も最初はあなたと同じだったけど、ここでなら大丈夫だから」……たくましい声だった。

○超うっかりのＦさんが成人式を迎えたときの母の弁。

「玉成を選んだことは、間違いではなかった」……ありがとう、お母さん。

○自分が一番と思い込んでいるＧさん。

「ずっと友だちがいない。１人ぐらい友だち、いてもいいかな」……同感。

○感覚過敏なHさん。

「やっぱり、それでも……だめだ」……あわてず、ゆっくりいこうよ。

○Hさんのお母さん。

「死にたいと言うわが子と途方にくれる私。そんな私を救ってくれたのが『親の会』でした。私は一人ではないんだ。味方でいてくれる人はたくさんいる。今振り返ると、もっと早くに私が診断を受け止めて認め療育を受けさせていれば、学校生活がもっと楽にすごせたのではないか。悪いところを直すことばかりに目が行き、よいところを褒めてあげなかったのではないか。という思いもありますが、これからも親子共々、周りのサポートを受けながら前に進んでいこうと思います」……思わず涙がこぼれた。

1. 発達障害および心因性不登校に特化したクラス「普通科共育コース」

創立125年目を迎えた本校は、普通科・衛生看護科・医療福祉科・生活技術科の4科からなる私立高校である。平成19年度より特別支援教育の取り組みを行い、平成22年4月に普通科に長崎県内初の発達障害および心因性不登校を対象とした特化型クラス普通科「共育コース」を開設した。また平成29年4月には、この共育コースに繋がる「附属中学部」を開設した。「共育コース」開設から8年目の現在でも長崎県内では唯一の特化型クラスである。これまでに約220名の入学生を迎え入れ、現在120名が在学中である（全校生徒は490名）。そして約100名の卒業生を送り出してきた。一人ひとりがそれぞれの困り感を有している。事例としていくつか紹介したが、そのなかから一人を詳しく取りあげ、その生徒を理解し支援することおよび卒業後について述べてみたい。それを受け、生徒を中心に置き、面となって支える教師集団づくりについて提案したい。

2. Bさんのこと

もう少し詳しく、Bさんのことを述べてみたい。保護者の話では「兄には

ADHDがあり、発達障がいのことなど全く知らない私は、自分の躾のせいだと思い、かなり厳しく怒鳴り散らしながら育てた。自分の都合で、この子が何に困っているかなど関係なく、時には虐待に近いこともやっていた。弟（Bさん）に読み書きの困難さがあると知ったときには親の会に入り発達障がいについてある程度勉強していたので、ショックではあったが、特性についてある程度はわかっていた。障がい面が出ても、学校が特別なことができるわけでもないとわかっていたので、そのまま普通に育てた。しかし、高校進学時には正直悩んだ。そんなとき、玉成高校は希望の光であった。感謝している。中学時には勉強なんてどうでもいい、と言っていた息子が高校3年時に専門学校に行きたいと前向きになってくれたことがとても嬉しかった」と。本校においては、Bさんのコミュニケーション力のよさを褒めつつ、読み書き障害を理解し学習の理解を深める指導を継続して行った。

　Bさんは高校卒業後、鍼灸師の資格取得をめざす専門学校に進学。入学後すぐに保護者の了承・依頼を受け、進学先に本校職員が出向き継続支援をお願いした。専門学校での3年間は今までの人生で一番勉強したと自負するがんばりと新しい仲間たちに支えられ、国家試験にみごと合格。発表の日、電話の向こうから聞こえてきたBさんの嬉しそうな声は今も忘れられない。就職は県外にて数年一人暮らし、そして現在は長崎県内にて鍼灸師として仕事に励む自立した若者となった。もちろん悩みは誰しもつきものだが、確実に社会で生きている。

3．学校組織として

　小・中学校で辛いこと、うまくいかないこと、不登校を体験した子どもたちの凍った心を溶かすには、たいへん時間がかかることを私たちは身をもって経験した。そこで、もっと早い段階から玉成の教育を受けていただき、少しでも高校生活のスタートをスムーズにし社会適応を図りたいと昨春「附属中学部」を開設した。4月から今日までの中学部1年生の様子をみていると、確かに伸びやかに育っている。「なるほどそうか」と思うことがたくさんある。それは何なのか。高校にも共通していることだが、私たち教師集団が以下のように取り組んでいくことだと考えている。

①まずは丸ごと受け止めて、一人ひとりを多面的に理解する取り組み

　入学前親子面談・個別の教育支援計画・個別の指導計画作成⇒支援会議⇒実践⇒検証・振り返りを継続すること。

②連携する取り組み

　スクールカウンセラー（３名配置）・医療機関・支援機関との連携。困り感を有しつつも病院受診には強い抵抗感を示す保護者には、「就職・進学に向けて、うちのカウンセラーと相談してみましょう」とプラス面を伝える。

③うまくいったことも、いかなかったことも情報共有

　管理職としてアンテナを張り巡らし、生徒をみつめ、職員にもまずは自ら話しかける。

④学校の外に出る。異業種と繋がる

　社会で生きていく生徒たちにとって、「高校」は橋渡し的役割を担っている。教師目線のみで指導しないためにも、異業種とのつながりは大事である。そのなかで感じる「障害」への無理解は現実として受け止めるしかない。しかし、その社会で逞しく自立している生徒もいれば、何とか生きている生徒、あるいは家に引きこもっている卒業生を見ると、もっと何かしなくては！と思わずにはいられない。

4．管理職の目のつけどころ

　熱心な教師一人二人の取り組みでうまくいくはずがない。学校全体で実践してこそ生徒たちそして保護者から少しずつ信頼を寄せていただける。ここで管理職の強いリーダーシップは必須である。考えるべきは、学校運営のなかで、どのようにして教師一人ひとりに正しい理解と温かくも粘り強い指導力を育むか。本校も十分とは言えないが、積み重ねてきた経験値は大きい。自分の長い教員経験だけで判断せず、豊富な経験で培った包容力で受け止めることが大切だと考える。特別な配慮を要する生徒の保護者と時間をかけて話すと親としての戸惑いや悩み、悲しみが伝わってくる。もしもわが子であったなら……。このページを読んでくださっているみなさまと共に考えたい。

事例で理解する子どもの困り感

見えにくいところを見取る目と心
——その子なりの歩みを進めるために

滋賀県総合教育センター所長　**佐敷　惠威子**

　学校には、しんどい思いをしているのになかなか眼を向けてもらえず、日々の生活のなかで苦労している子どもたちがたくさんいる。

　ふと教室に目をやると、声かけのタイミングがずれたために、子どもは話の内容が分からず、ますますしんどい状況に追い込まれている。

　なかでも、身体や言葉でしんどさを伝えることができにくい子どもは、もっと教師の目が行き届かず苦しんでいる。

　では、そのような子どもをどう見取り、対応していけばいいのだろうか。

　【事例】Ａさんは小学校入学と同時に自閉症・情緒障害特別支援学級に入級し、学級の３人の仲間と学校生活をスタートさせた。１年生のときは担任との関係もよく、比較的落ち着いて生活でき、交流学級には支援員の助けがなくても一人で行き、友だちとの会話も楽しんでいた。

　しかし、２年生になり担任が変わると、今までからは思いもよらなかった様子を見せ始めた。

　「交流学級へ行きたくない」と、文句を言いながら自教室でだらだらと過ごし始めたのだ。

　新しい担任は、特別支援学級を何年も受け持っているベテラン教員であるが、やや融通のきかないところがあり、時として自分の考えを通そうとして、子どもたちとぶつかってしまうことがあった。

　子どもとの関係がうまくいかなくなると、保護者との関係もうまくいかなくなる。一生懸命に子どもたちと向き合い、教材も工夫して日々の授業に臨んでいるのだが、当然、教員の努力が報われなくなってくる。

　Ａさんに対しても、だんだんイライラが募ってきて、ついに「どうして教室に行けないの。３月までは行けていたのに」と言ってしまったのだ。

　自分から進んで教室に行けるくらいならＡさんも苦労はしない。１年

生のときも、友だちや担任に支えられ、やっとの思いで毎日交流学級へ朝の会から出向き、自分なりのペースで学習をしていたのだ。

　引き継ぎでは、そのこともていねいに語られていたはずなのだが、日々比較的落ち着いて過ごすＡさんを見て、新しい担任は自分勝手なものさしでＡさんの行動をはかり、思いに寄り添うことができなかったのだ。

1．保護者の怒り

　Ａさんのイライラは学校だけで収まらず、家でも現れてきた。

　幼稚園のときのように、母親や妹に当り散らし、「もう学校なんか行かへん」と、母親の恐れていた言葉を口にしてしまった。

　母親の不安は日ごとに募り、担任と面談することとなった。

　担任から日ごろの様子を聞き、母親も担任のていねいな指導に少しほっとし、感謝もしていた。しかし、1箇所だけ納得できないところ（ここが一番の課題）があることに気づき、思いを担任に伝えた。

　「先生、友だちと同じペースでいろいろなことができるのであれば苦労しないです。にこにこして穏やかに見えます。突然切れることもありません。自分なりのペースで学習にも取り組もうとしています。確かに、こだわりが強く、がんこです。あの子なりに毎日、周りを見ながら一生懸命に学校生活を送っているのです。人と同じにしなければならないと強制してしまったら当然しんどくなります」。

　残念ながら、母親の思いは十分担任には届かず、「昨年は、朝の会から交流学級に行けたのにどうしてでしょうね」と再度言われ、母親はがっかりして帰宅した。しかし、どうしても納得できず、後日、担任と母親、Ａさんとで校長面談を行うこととなった。

2．見えにくいところこそ、しっかり見取りたい

　ボタンをひとつ掛け違えると、まとまる話も違う方向へといってしまう。今回も、子どもと担任のずれ、さらに、母親の思いを担任がうまくキャッチできなかったことによる関係性の崩れで、かなり厳しい状況になってきた。

Ａさんは、表面上は適応しているように見えるが、自閉症スペクトラムの診断を受けている。この子どもの日常生活を十分見取り、見えにくい部分まで受け止めて対応していかないと、このようにこじれてしまうことになる。

　前担任は、Ａさんの表面には表れない部分もしっかり見取り、受け止めて、日々の生活をつくっていた。そのひとつが帰りの会での工夫であった。

　集団下校のため、ついつい慌しい帰りの会になりがちであるが、学級の子どもたち一人ひとりが、１日の生活の見通しを持ち、安心して学校に来ることができるようにするために、明日の学習の流れを、先生や友だちと一緒に話をしながら連絡帳に書くということに取り組んでいたのだ。

　さらに翌朝、１日の流れを自分で確かめることと、交流学級の友だちに動きを分かってもらえるようにするために、ホワイトボードに書く活動と、交流学級の前面掲示板に貼る活動を取り入れるという配慮をしていたのだ。

　ゆっくりと自分のペースで動くＡさんを、追い立てることなく、自然と学校生活になじんでいけるように温かい心配りをしていたことが分かった。

　また、Ａさんの得意なことを、交流学級での給食時間などに紹介すると、ニコニコと大好きなゲームと鉄道の話をするＡさんのまわりには、友だちが自然と集まり、会話を楽しむこともできたのだ。

　しかし、新しい担任は、連絡帳こそ書かせていたが、そこまでの細やかさがなかったために、Ａさんの心には不安が先に立ち、「学校へ行きたくない」という思いにつながったのだろう。

　子どもにとって「○○ができた」自信は、何ものにも代えがたいものである。友だちと大好きな鉄道の話ができた喜びは、明日も学級へ行こうという気持ちになる。さらに、友だちから「Ａさん、電車のことよく知っているね。すごい」とほめられると、なおさらうれしくなり、電車の絵本を友だちに見せたり、説明をしたりと、生き生きと話す姿が現れた。

　得意なことを生かしながら学びを広げていく指導と、人とのかかわりのなかで少しずつ自信をつけていくことがＡさんには必要なことであったのだ。

３．校長室からの登校

　面談では、Ａさんが自分から進んで学校へ行こうと思える方法を話し合っ

たが、母親は気持ちが高ぶり、担任に対応を迫る状況であった。

　Ａさんは、初めのうちは静かに大人の話を聞いていたが、しばらくすると校長室に置いてあるいろいろなものが気になり出し、だんだん落ち着きのない様子になっていった。

　見かねた私は、キョロキョロしているＡさんに話しかけた。

　「Ａさん、校長室っておもしろい？」「うん、蜂の大きな巣があったり、船の模型があったり、すごい」「もっといっぱい見たい？」「毎日見に来てもいい？」「いいよ。いつ校長室に来るの？」「うーん、朝から来てもいい？」。

　だんだん会話が弾み、最後には、登校したら一番に校長室に来て「校長室探検をする」ことになった。

　ただし、Ａさんとは三つの約束をすることにした。
①校長室に来たら一番に「おはよう」の挨拶をすること
②「今日の校長室ですること（校長室探検）」を自分で決めること
③探検が終わったら、「いってきます」の挨拶をして教室に行くこと

　次の日から、Ａさんはいそいそと校長室にやって来た。担任からは、１日の予定表を預かるようにして、さりげなくＡさんに見えるようにしておいた。一通り校長室探検を終えると、チラッと予定表を見てから、「校長先生、いってきます」と言って何事もなかったかのように教室に向かうのだった。

　いつまで続くのかなと思っていると、４日目に、「校長先生、明日から○組に行くので、もう来ないからね」と言い出した。あっけにとられている私を尻目に、Ａさんは颯爽と教室へと向かって行ったのだ。

＊

　Ａさんにとっての過ごしやすい環境は、自分のペースを大事にしてくれ、見守り温かく声をかけてくれる人がいること、「できた」自信が実感でき、ともに喜んでくれる大人や仲間がいること、そして何より、安心できる自分の居場所があることなのだ。これはＡさんに限らず、どの子どもにも必要なものである。私たち教職員が、子ども一人ひとりの見えにくいところまでしっかり見取り、受け止めていける度量と、きめ細やかに対応できる指導力を身につけていかなければならないと改めて思う。

事例で理解する子どもの困り感

発達支援をつなぐ
──「3K！心・機動力・根拠」を大切に

滋賀県湖南市立菩提寺小学校長　**松浦　加代子**

【事例】小学校6年生男子Aさん。自閉症スペクトラム。とくに算数科において理解力が高く、解法を流暢に説明する。一方で身だしなみには無頓着であったり、他児が気にしている風貌について指摘をしたりする。相手を困らせる意図はなく、見てとらえたままを口にするのだが「あんなに何でもうまく説明したりできるんだから、相手が嫌がるとわかって言ってる」と誤解されてしまう。

母親も同様に自閉症スペクトラム。Aさんの支えになろうと奮闘されるが、親子のコミュニケーションがうまく図れず、整理整頓のむずかしさも相まって、家庭は落ち着くことができる場所ではない。

Aさんの困り感に沿って支援することと同時に、主に母親へのかかわり方を中心にした家庭支援、また中学校進学に向けて関係機関等が連携してケースワークに取り組んだ。

筆者は小学校長として着任するまでに、湖南市発達支援室長を4年間勤めた経験がある。発達支援室は保健・福祉・医療・教育・就労といった、各関係機関の横の連携による支援と、個別の指導計画・個別支援移行計画による縦の連携とを機能的に関連させながら、発達支援をつなぐ役割を担っている。

室長の経験から、義務教育終了後へ児童・生徒をつなぐために、小学校管理職として取り組むべきことを事例を通して述べていく。なお、本事例は多数の事例をもとに創作したものであり、特定の個人等をさすものではない。

1．心のこもった支援体制の構築

室長時代に方針として掲げたスローガンは「3K！心・機動力・根拠」であった。この方針は校長となっても、変えずに示している。

「支援が必要」とは言うけれども、その支援を実施するにあたって、義務感が大きいのか、児童の自尊感情を育むためにという必要感が大きいのか。

心のこもった対応をすることは、児童が支援を必要としているかどうかにかかわらない。

事例では担任がＡさんへのかかわり方に困り感を表したときこそ、管理職の出番であった。どのようなかかわり方が有効なのか、担任の対応のよさを見つけ出し、意味づけした。たとえば、Ａさんは担任のことが気になって気になって仕方がない。けれど、その気持ちを「先生の言うこと、おもしろくない」という裏返しで表現する。担任はすかさず「でも、聞いてくれてるってことがうれしいわ」と返す。「このやり取りはＡさんを否定することなく、『また、聞こう』と思わせる一言だ」と伝えたのである。

いくら支援体制を整えても、中心となる担任が支援を実行する際に心がこもっていなかったり、やり甲斐を感じられなくなったりしてしまっては、体制は画餅である。

2．そのとき！機動力を働かせた支援を

校内支援委員会では親子に支援が必要だと判断しても、当人が必要としていない場合がある。事例も就学前から支援の必要性を校園は共通理解していたが、Ａさんが通級指導に通い出したのは４年生になってからであった。

保護者がＡさんについての支援の必要性を承知し「通級指導教室へ通ってみませんか」という提案に同意するまで、学校は「（Ａさんの困り感について）こんなふうにしてみたところ、うまくできるようになって満足した様子でした」といったように、すでに開始してはいるが「支援」とは言明せずに日々の取り組みを根気強く伝えてきた。取り組みを続けるなかで、保護者がＡさんの家庭での状況について悩みを打ち明けるようになってきた。機は熟したのである。

うまくいかないことばかりを伝えていては、保護者は心を閉ざす。Ａさんの困り感について共通理解できたそのときに求められるのが、支援体制の機動力である。機を逃さず通級指導につなぎ、アセスメントがなされ、指導が始まり、Ａさんが「今はこんなこと言ったらあかんな」と口元を押さえるという変化が現れた。このような機動力が発揮できる状況にあるかどうか、管理職は確認しておく必要がある。その前提としては、どのような専門機関に

つなぐことがで きるのかを知っておかねばならない。また「学校ができること」「力を貸してほしいこと」を校内で共通理解できたうえでつないでこそ連携であって、けっして丸投げしないことを肝に銘じなければならない。

図1　湖南市教育構造図

　また事例では、母親が自分自身の困り感を担任に伝えてきたことを契機に、発達支援室保健師の母親支援につなぐことができた。保健師は福祉との連携により、母親が利用できる福祉サービスを提案した。その後はサービスの活用により家庭状況の改善が見られた。

3．根拠とするところを明らかに

　個別の指導とともに、通常学級において集団のなかでの支援についても根拠として、専門機関からのアセスメントは欠かせない。担任等、教員による見立ても支援を考えるうえで貴重な情報であるが、科学的根拠に基づくアセスメントは、Aさんが「なぜ、場にそぐわない話をしてしまうのか」という疑問の答として明快であった。WISC-Ⅳ検査（子どもの発達の度合いを測る知能検査）のなかでも言語理解指標が極端に低かったのである。

　また、支援を実施することは、法的（1章参照）に根拠があること。市立学校であれば市教委が示す方針にも、位置づいているはずである。湖南市では教育長が構造図として示すなかで、インクルーシブ教育の推進は学力向上につながる一つのプロジェクトであり、自尊感情が向上すると表している（図

1）。

　管理職としての役割は、根拠を持って支援が実現できているかどうかを、ケース会議等において確認することである。

4．いじめの対象になりやすい危うさ

　意図理解や、雰囲気を感じとることがうまくできず、周囲の児童からは奇異な行動をするととらえられがちであったAさん。

　いじめ防止の取り組みをここで述べることはしないが、抑止力となるのは、担任の言動であり、児童たちのモデルとなる。いじめが発生するまでの雰囲気をキャッチできる人権感覚こそが、いじめの対象となりやすい児童が在籍する学級において「いじめを許さない」という担任の意思表示になる。Aさんが安心して学校生活を送ることができたことは、何よりも「いじめを許さない」という担任の姿勢があったからである。

　管理職として学校経営方針に「いじめを許さない」ことを最重点事項に定め取り組むことは、児童のみならず担任への勇気づけとなる。

5．6年間という短いが大切な期間の教育を担う小学校

　長い人生において6年間は短い。けれど「人っていいな」という温かな思いや、「自分ってこんなことは苦手だけど、相談したら何とかなるな」という生き方の支えとなる思いを根づかせる土台を築く大切な期間である。

　湖南市では、中学校3年生卒業時に「個別支援移行計画」（図2）を本人も参画し作成する。次の進路先へと中学校長の署名を添えて引き継ぐのである。小学校では、この計画に児童がどんなことを書けるようになっているのかを見据えながら、指導・支援を行っている。

　管理職として、小学校に在籍している児童の将来を視野に入れた取り組みができているかどうかについては、絶えずケース会議で問う姿勢が必要である。

　Aさんも個別支援移行計画を作成するときに、自分の強みも弱みも書けるように育っていてほしいと心から願っている。

図2　湖南市個別支援移行計画

湖南市個別支援移行計画（記入例）

●作成日　　　　年　　　　月　　　　日
●作成に関わった者
所属（　　　　　）氏名（　　　　　）
所属（　　　　　）氏名（　　　　　）

●プロフィール

氏　名		性別 男・女	生年 月日	年　　　月　　　日		
保護者氏名		住　所				
出身校		進路先				
障がいについてわかる情報（手帳・診断名・発達検査等）	医療受診をしていたら、診断名・受診日・病院名等を記入。WISC－Ⅲ等発達検査の結果は、言語性IQ、動作性IQ、全IQとともに群指数の数値の記入をしておく。また所見の中で特に支援の具体的な手立てが書かれてあれば転記する。手帳を取得していたら、取得した日等の記入。					

●将来の生活についての希望

本人の希望	実現の可能性に関わらず、本人・保護者が将来について希望していることを記入する。
保護者の希望	

●目標

卒業後の目標（長期）	本人・保護者が将来について希望していることを実現するために、具体的な行動で目標を書く。例（短期）：朝、6：45に起床し、7：40発の電車に乗り休まず登校する。
1年間の目標（短期）	
短期目標実現に必要と思われる指導支援目標	上記の短期目標の実現のために必要な指導や支援の目標を、具体的な行動で書く。例：1日でも遅刻したときには、朝の起床時間を確認する。欠席したときには、正当な理由であるか保護者と連絡を取り合う。行き渋りであれば登校したときに話を聞く。

●本人の状況

・本人が落ち着ける環境・・・例：不安になったときには職員室のS先生の机の周辺に来る。
・好きなこと（得意なこと）・・・例：電車。貨物列車をはじめ、時刻表を図書館で借りて東海道線の運行を把握している。
・嫌いなこと（苦手なこと）・・・例：周囲のクラスメートがふざけてもみくちゃになりながら、大きな声を出すこと。修学旅行など普段と違う行事。

2 事例で理解する子どもの困り感

（特に支援が必要な場面のみ記入）	支援が必要な場面	具体的支援の方法
健康管理	すべての項目に記入するよりも、特に支援が必要な場面について記入する。	
	例：昼食後服薬。	
意思疎通	例：相手の話の中に自分の興味がある事象についての単語が出てくるとついてきて持っている情報を、相手の様子もかまわず一方的に話す。	例：その場面をキャッチしたときには、別の話題に本人を誘う。その後、先ほどの会話の状況を伝え、別の機会に「電車の話」を十分に聞く時間をとることを伝える。
活動場面	例：(体育祭での集団行動の状況)	
生活場面	例：(肢体不自由の生徒の介助の状況)	
葛藤場面	（誘発要因・予兆） 例1：時間割が変更となり、得意な理科がその日なくなることを朝登校して知る。 例2：電車通学中、電車が停車する。 例3：昼休みには図書館に行こうと考えていたが、部活動のミーティングが急に入ってきた。	例1：時間割変更をどうしてもしなくてはならないときには、事前に本人に伝えておく。 例2：電車は定時運行できるときとできないときがあることを知らせておく。遅刻したときの連絡の仕方を事前に学習させておく。 例3：(視覚認知が強いことから)「昼休みに図書館」「部活動ミーティング」と1枚ずつカードに書き、優先順位をつけて見せる。

●本人の生活を支援できるネットワーク

	支援内容	所在地・連絡先
福祉サービス	進路先から相談の連絡が取れるように、相談実現可能なネットワークのみを記入する。記入の際には「ここあいパスポート」の関係機関等を参照のこと。	
余暇・地域生活		
医療・健康	例：(医療機関名)	例：医療機関からの情報が必要なときには保護者を通じて得る。
相談	例：湖南市発達支援室(石部保健センター内)	例：TEL0748－77－7020 FAX0748－77－7019

私は以上の内容を了解し、進路先に引き継ぐことを了解します。

　　　平成　　　年　　　月　　　日
　　　　　　　　保護者氏名(自署)　　　　　　　　　　　　　　

以上の内容を了解し、進路先に引き継ぎます。

　　　平成　　　年　　　月　　　日
　　　　　　　　中学校長名(自署)

事例で理解する子どもの困り感

友だちとのトラブルが続き、
書字に困っている子ども

新潟県糸魚川市立ひすいの里総合学校教頭　**長谷川　和彦**

【事例】小学校3年生のAさんは、カッとなると大きな声を出して相手を叩いたり、手元にある物を投げたりする。また、身の回りの整理整頓が苦手で、授業中に手いたずらや読書をしていることが多い。個別に指示を出してノートに書かせても、書き写すのに時間がかかる。家庭では、1年生の弟とケンカになることが多く、「お兄ちゃんなのだから」という理由で叱られることが多い。

特別支援教育コーディネーターから、担任が困っているという報告を受けた教頭は授業参観を行い、校長の指導のもと、校内委員会を開催した。校内委員会を通じて参加者全員でAさんの問題のとらえ直し、Aさんの情報を共有し支援方策を立てた。

なお、本事例は多数の事例をもとに創作したものであり、特定の個人等をさすものではない。

1．Aさんの問題行動

⑴　友だちとのトラブルが多い

3年生のAさんは、1年生のときから友だちとのトラブルが絶えない。カッとなると大きな声を出して怒り、相手を追いかけて叩いたり、手元にある物を投げたりする。Aさんの言い分を聞くと、「ぼくを見て悪口を言っている」「ちょっと触っただけなのに」と、本人の思い込みや不適切な友だちとのかかわりによるものが多い。Aさんは自分から謝ろうとしないので、友だちから距離を置かれている。

⑵　整理整頓が苦手で忘れ物が多い

身の回りの整理整頓が苦手なAさんの机上には、鉛筆や消しゴムなどが散らばっている。机の引きだしの中は、教科書やノートが乱雑に詰まっていて容易に開けられない。忘れ物も多く学習用具が揃わない。

2 事例で理解する子どもの困り感

⑶ ノートをとらない

　授業中のＡさんは、興味のない学習では、ボールペンを分解したり、読書をしたりしていることが多い。「ノートに書きましょう」と言われても書かないで、手いたずらをしている。ノートに書くにしても、書き写すのに時間がかかる。しかも、ノートの文字は平仮名が多く、書き間違いも多い。

⑷ 家庭でもケンカや言い争いが多い

　Ａさんには1年生の弟がいる。弟がＡさんの遊びのじゃまをすることからケンカになることが多い。ケンカになると、年上で力の強いＡさんが、「お兄ちゃんなのだから」という理由で叱られ、いじけて自分の部屋へ行くことが多いと言う。

2．Ａさんの問題行動への対応

⑴ 自分の目でＡさんの様子を見る

　特別支援教育コーディネーターから、3年生になってもこのような状況が続いていることを聞いた教頭は、まず自分の目で確かめようと授業参観を行った。教頭が教室の後ろにいても、Ａさんは勝手に読書を続けている。担任が個別に指示を出しても、指示に従わない。Ａさんに近づいてみると、前の時間の教科書とノートが出しっぱなしで、机の周りにはプリントや鉛筆などが散乱していた。プリントの文字を見ると平仮名ばかりで、字形が整わず漢字の誤りが多かった。読んでいる本は平仮名が多い絵本であった。

　全く授業に参加していないかと思えば、興味のある担任の発問には、手をあげて答えている。本を読みながら担任の話を聞いていることが分かった。授業中のＡさんの様子を校長に報告したところ、校内委員会を開催し、Ａさんの問題行動への対応について協議することになった。

⑵ Ａさんの問題行動をとらえ直し、支援方策を立てる

　校内委員会には、校長、教頭、学級担任、学年主任、特別支援教育コーディネーターのほかに、Ａさんの保護者にも同席いただいた。

　まず、友だち関係や学習で一番困っているのはＡさんではないか、とＡさんの問題行動を、Ａさんの困り感をとらえ直すことにした。

　次に、学級担任および学年主任から学校でのＡさんの様子を、保護者から

53

は家庭でのＡさんの様子を説明してもらった。学校でも、家庭でもＡさんの困り感は見られ、学級担任も保護者もその対応に困っていた。

　そこで、コーディネーターの進行で、①学級・学年、②校内体制、③専門機関、④保護者の四つの立場からできることを話し合い、次のような支援方策を立てた。

①学級・学年

○席は前列にして、教室環境を整備する。

○注意喚起をしてから注目を確認する。注目したことを褒める。

○全体指導をした後、個別に指示内容を確認する。

○ルールを先に出し、ルールに沿った行動をしたときはすぐに褒める。

○不適切な言動は、教育的無視やジェスチャー指示をする。

②校内体制

○１・２限に国語と算数の取り出し指導を行う。校長、教頭、級外職員が担当する。

○友だちを叩いたり物を投げたりしたときは、毅然とした態度で対応し、落ち着くまで別室でクールダウンをする。その場合、管理職や級外職員が対応する。

○学期に１回保護者を含めた校内委員会を開催する。

③専門機関

○上越市の特別支援教育巡回相談員から授業参観および心理検査を実施してもらい、校内委員会で共通理解を図る。

④保護者

○適切な行動を褒め、何がよかったのか理解させる。

○当たり前の行動、修正した行動、我慢した行動を褒め、認める。

○お手伝いをたくさんさせ、やり遂げたら笑顔で感謝する。

⑶　**心理検査の結果からＡさんの行動の背景を探る**

　２回目の校内委員会で、上越市の巡回相談員からWISC-Ⅳの結果の説明があった。全検査IQおよび各指標の合成得点は次のとおりであった。

○全検査IQ87

●言語理解118　●知覚推理70　●ワーキングメモリ83　●処理速度75

全検査IQは87と平均の下の水準であるが、四つの指標間で大きなばらつきがあり、特性に応じた支援が必要であることが分かった。また、言語理解は同年齢の子どもと比べて高いが、知覚推理やワーキングメモリ、処理速度はいずれも低い〜平均の下の水準で、言語理解と比較して有意な差が見られた。友だちとのトラブルが多い原因は、知覚推理とワーキングメモリが弱いこと、漢字が覚えられず書くことが苦手なのは、知覚推理と処理速度の弱いことに起因していると推察できた。

心理検査の結果から、Ａさんは自分勝手で怠けていたのではなく、その認知特性から、学習課題や周囲とのかかわりにうまく対応できず、不適応を起こしていたという行動の背景が分かった。参加者全員が納得し、それぞれの立場から支援方策を続けることを確認した。

3．管理職としてできること

Ａさんの事例から、問題行動が続いているＡさんを問題児ととらえ、その原因をＡさんのやる気や態度に求めてもＡさんの行動は改善しなかった。むしろ周囲とのかかわりのなかで問題行動は強化され、本人も周囲も困り感だけがいっそう高まっていた。

管理職として大事にしたいことは、「Ａさんが一番困っている」という共通認識であり、まずは自分の目で実態を確かめることである。そして、Ａさんとかかわる人を集めて校内委員会を開催し、情報を共有し、支援方策を立てることである。担任や保護者の気持ちに共感しながらもＡさんを中心にしてそれぞれの立場でできる支援方策を考えたい。管理職として、校内体制を整備するとともに、Ａさんの努力を認め、担任や保護者の努力を労いながら、チームのメンバーとして一緒に支援し続けていきたい。

事例で理解する子どもの困り感

3年生になって学習態度が変化した子ども

新潟県魚沼市立大巻小学校長　**古田島　真樹**

【事例】小学校2年生のころのAさんは、授業中元気に発言をし、休み時間は自分から友だちを誘って遊んでいた。他の子どもよりもしっかりしており、誰からも人気があった。

　3年生になってしばらくしたころ、授業中の態度が少しずつ変わってきた。ノートは書こうとせず、教師や友だちの話も聞かない。常に誰かと私語をするようになった。忘れ物も増え、学習用具がそろわないことが増えてきた。友だちとのかかわり方も変わり、乱暴な言動や行動が増えてきた。いつも何かにイライラしているように見えた。

　なお、本事例はいくつかの事例を組み合わせたもので、特定の個人のものではないことをお断りしておく。

1．教師のAさんの理解の変容

⑴　Aさんの担任の迷い

　Aさんの担任は、カウンセリングを通して子どもと心を通わせたいと考えていた。Aさんの行動の変化の背景には「悩み」があるととらえ、教育相談を行った。

　Aさんは、「友だちに嫌なことをされた。おもしろくない。勉強をする気がしない」「クラスのみんなは、ぼくのことをバカにしている」と担任に訴えた。担任は、クラスの子どもたちがAさんに悪口を言ったり乱暴なことをしたりしている姿を見たことがなく、Aさんの言っていることが信じられなかった。

　Aさんの問題行動の頻度が増し、同調する子どもも出始め、学級が騒然としてきた。

⑵　Aさんの実態把握

　Aさんの指導が思うようにならないため、担任が困っているという報告が、学年主任からあった。そこで、担任に学習面、生活面、人とのかかわり方、

得意なこと、不得意なことを具体的な姿でまとめてみてはどうかと提案した。学習面でのＡさんのできること・できないことをまとめると次のようになる。

できること	できないこと
○授業中の発言 ○ひらがな、カタカナの読み書き ○２年生までの漢字の読み ○短い文章の作成 ○簡単なたし算、ひき算の筆算	○字形を整えて文字を書く ○すばやく文字を写す ○漢字の書き取り ○暗算での繰り上がり・繰り下がりのある足し算・引き算 ○九九

(3) Ａさんの思いの再確認

担任は、Ａさんが学習面でできないことがこれだけあることを知り、Ａさんの問題行動の原因の一つに学習面でできないことが多くあることに気づいた。

担任は、ノートを書かなかったり計算練習を途中で投げ出したりするのは、怠け癖や精神的に不安定になっているためだと考えていた。このことをＡさんに謝罪し、学習のことを中心にＡさんと再度、教育相談を行った。Ａさんは、「１年生、２年生で簡単だと思っていた勉強が、分からなくなった。だから、やる気がなくなった」「本当は、もっと勉強ができるようになりたい。みんなと同じことができるようになりたい」と話した。

担任は、どのように指導をすればよいか困った様子が見られた。そこで、校内委員会を開催し、全校体制での支援をめざした。

2. Ａさんへの支援

(1) 校内体制の整備

校長、教頭、教務主任、学級担任、特別支援教育コーディネーター、特別支援学級主任で校内委員会を行っている。

学級担任からＡさんのできることとできないことの説明があった。自信をなくしているＡさんに、「勉強が分かって楽しい。学校は楽しい」という思いをもたせることを全員で確認した。そして、特別支援教育コーディネーター

と学級担任が作成した個別の教育支援計画をもとに具体策について検討した。

その結果、算数の時間の取り出しによる個別指導を行うことにした。短期目標を3年生の学習内容の理解と暗算による繰り上がり・繰り下がりのある計算ができることとした。指導は、学級担任以外の管理職を含む教師が担当し、操作活動を多く取り入れ学習することにした。担当者は、毎日学習内容を記録し、翌日の担当者がそれを見て続きを行うことにした。

(2) 「分かって楽しい」と述べたAさん

Aさんは、数量の概念が十分に身についていなかった。そこで、10玉そろばんを使い、「数詞」「具体物」「量」が一致するようにていねいに計算練習を繰り返した。3ヵ月程度続けたころから、暗算で計算ができるようになってきた。Aさんは、「勉強が分かって楽しい」と述べるようになり、他の学習も落ち着いて取り組み、友だちとのトラブルもしだいに減ってきた。

3. 全校での早期発見

(1) 困り感のある子どもの存在への認識を高める対応策の検討

Aさんについて校内委員会で協議するなかで、Aさんのように基本的な「読み」「書き」「計算」が苦手な子どもが他の学級にもいると問題提起された。これをきっかけに、困り感をもっているが、担任に気づかれていない子どもに対応することで教師の専門性を高めるチャンスをつくり出せると考えた。そこで、日々の授業中の行動の様子、標準化された学力検査、コミュニケーションの実態等からスクリーニングを行うよう提案・実施した。

流暢な音読、正確なひらがな・カタカナ表記、九九・暗算でのたし算・ひき算ができない子どもがすべての学級にいることがわかった。

とくに文章の読みは、すべての学習の基盤になるため、客観的な資料が必要であると考えた。そこで、『多層指導モデルMIM「読みのアセスメント・指導パッケージ」』（海津亜希子編、学研教育みらい、2010年）のアセスメントを1年生から3年生に行うことにした。

結果は多様で、次の三つに分けて対応した。①学級担任が授業中、理解状況を確認し指導をする。②休み時間に補充指導（2ndステージ）。③個別指導（3rdステージ）。

2 事例で理解する子どもの困り感

(2) 読みの流暢性を高める取り組み

アセスメントシートの結果が、期待される読みまでできない子どもがいた。そこで、『多層指導モデルMIM「読みのアセスメント・指導パッケージ」』を1年生から3年生までのすべてのクラスで取り組むことにした。

学級担任は、教室の入口に指導パッケージに入っている早口言葉を掲示し、それを唱えてから教室に入るようにした。子どもは喜んで練習をした。また、授業では、特殊音節のきまりを復習した。また、診断結果から2ndステージの子どもには、授業中に意識して個別指導したり、グループ指導したりするようにした。

学級担任以外の教師から担当者を決め以下のことを行った。

①月1回アセスメントシートを印刷、担任に配布。

②担任からMIM-PM（特殊音節の読みに関するアセスメント）の受け取った結果を、シートに入力、診断。

③担当は、3rdステージ（個別指導が必要と判断される成績）の子どもを給食の準備の時間に集め、個別指導を行った。

個別指導では、特殊音節のきまりを声と動作をつけて再度学習した。また、語彙を増やし文を流暢に読めるように短時間で、楽しく学習ができるものを用意した。

第1回アセスメントのときは、どのクラスも3rdステージの子どもが5割を超えたが、回数を重ねることで1割以下までに減少していった。

(3) 担任を支え担任と共に喜ぶ

全教師が特別支援教育に関する専門性を高めることが求められている。しかし、忙しい担任が自主的にそれに取り組むことはむずかしい。そこで、事例のようなスクリーニング検査の実施や場に応じた支援の機会を組織的に提供することによって、教師に子どもの学習の苦手さに気づかせたり、支援方法を学ばせたりする機会となる。結果として、教育の質が上がり、Aさんのようにつらい思いをする子どもが減ることにつながる。担任もまた、子どもの実態に合わせた授業を提供できるようになり、子どもの可能性を引き出すことができる。特別支援教育の視点で子どもの実態を把握することで、子どもも教師もともに高め合うことができた。

事例で理解する子どもの困り感

困り感の解消に向けた
学校生活のルールの理解

埼玉県新座市立大和田小学校長　田野　信哉

【事例】Ａさん（男子）は小学校への入学にあたり実施された行動観察において、集団からの逸脱による１対１の支援の必要性、特定のものへのこだわり等の行動特徴が確認され、就学支援委員会では「特別支援学級への就学が望ましい」という意見が出された児童である。しかし、保護者の強い希望により、通常の学級での小学校生活がスタートした。１年生ということもあり、自らの行動を振り返り、周囲との差異を気にして悩んだり、勉強の遅れを気にする等の困り感の表出はなかった。困り感があるとすれば、それは、Ａさんを支える担任を含む大人たちであった。

　今後の学校生活を送るうえでの困り感の解消につながる手立ての一つとして取り組んだ、学校生活のルールの理解に主眼を置いた支援について、拙い実践ではあるが紙面を借りて紹介する。

1．学校生活のスタート

　Ａさんは通学区域を変更し、自宅に最も近い本校に入学してきた。就学前の保育園との情報交換では、

○集団行動が苦手であり、集団行動の際には常に保育士が１対１で支援を行っている

○椅子に座っての取り組みは苦手で、興味・関心をひかれるものに、時間、場所をわきまえずに席を立ち行ってしまう

○特定なもの、トイレの便器（大便用）に対する興味・関心が強い。姿が見えないときには、まずトイレを探す

等の情報提供があった。

　学校として、Ａさんの支援には担任が第一にあたることを確認したが、そのために、クラスの他の児童への支援が疎かになってしまうことがないよう

に、入学前に以下の対応を確認した。

○学年に配属されている1名の副担任が主に本児の支援にあたる。

○本児が在籍するクラスは、校長室、職員室にもっとも近い教室とし、支援
　が必要なときは、手の空いている教職員、管理職も対応できるようにする。

　迎えた入学式では、クラスの友だちと手を繋いでの会場への入場が困難な
ため、副担任の先生に抱っこをされての入場となり、式の最中もその膝の上
での参加となった。

2．困り感は何？

　入学後は慣れない環境ということもあり、教室に入れない場面が多かった。
正門を入ったはずなのに姿が見えず、探しに行くと、トイレに入り、大好き
な便器の様子を事細かに観察したりしていた。また、集会等で校庭に整列す
るときにはクラスの列から離れ、ニコニコしながら校庭の周囲を走り回り、
校庭の隅からこちらの様子を伺っていたりした。そんなときに支援員の先生
が参加させようと近づいていくと、術中に嵌まってしまい、追いかけっこが
始まってしまうことが多かった。

　担任はAさんへの接し方に悩み、支援の方法について幾度となく相談を受
けた。離席や、学習活動に参加させるための注意や声掛けには、「怒るな！」
と温和な人懐っこい表情が一変し、目をつり上げて抗議する場面が見られた。
担任は下校時の安全確認のためにAさんと一緒に帰ることが多かったが、途
中まで迎えに来ていた母親は「先生、姿が見えないときにはおトイレを探し
てみてください」と伝えるなど、本児のこだわりを理解し、そのことを困り
感としてではなく、本児の行動の特性として受け止めていることが分かった。
そして、近所の同年代の友だちと遊ぶ際に「遊びのルールが分からないので、
だんだん一緒に遊んでくれなくなって……」という保護者としての困り感も
伝えてくれた。

　学習活動への参加では、教科書の内容理解を含め、授業内容の理解が全く
できていないわけではなく、たとえば書字では、しっかりとした文字を手本
を見ながらていねいに書くことができ、授業への参加も興味・関心がある題
材には着席し、取り組むことができていた。

このような状態像より、具体的な支援の方法について以下のことを確認した。

○Aさんの授業からの逸脱行動は、授業内容に興味・関心がないというよりも、学校生活のルール理解が不十分であることに起因すると考え、支援を行う。

○特定なものへの執着は、こだわりとしてとらえるのではなく、興味・関心が深いから生じる行動としてとらえる。

○ルールの理解と合わせて、活動の意味を正しく伝えその理解を促す。満足感が得られるように、正しい行動を評価し、認めていく。

　このように、学習活動からの逸脱等の問題行動は、学校生活のルールへの理解不足に起因しているものと考えた。Aさんの行動特性から、自閉症スペクトラム障害が疑われたが、トイレ便器への執着は、その形態、機能に関心が深く、興味があるから。そして、授業中に教室を出てしまう行為は、授業時間中は机に座って、先生の話を聴き、黒板に書かれた大切なことをノートに写して……、という授業への参加の仕方を理解していないからととらえた。そうすると、体育の授業時の着替えの拒否や、集合時に列に並べない等、多くの問題行動も、体育の授業には体操着に着替えて参加する、身長の順に整列し、準備運動をしてから授業が始まる、という学習の流れや決まりが理解されていないがために生じた行動、と理解することができるのである。

　また、活動に参加させるための担任の声掛けへの「怒るな！」というAさんの反応も、"なぜ叱られるのか分からない"という理不尽なことへの苛立ちであり、本児が一番困っていたことであったのかもしれない。

3．ルール理解に向けて

　Aさんの学校生活のルール理解については、まず担任を含め彼を支える教職員全員がその支援方法を共有することからスタートした。また、ルール理解を促すためには、クラスの周囲の子どもたちからの支援も重要となる。担任として、焦らず、今までどおりの叱責ではなく、そのときに取るべき望ましい行動をていねいに伝えた。そのことは、他の児童への理解を促す手立てにもなった。そして、肯定的に支援していくことを通じ、担任の先生のこと

写真　休み時間の校長室

を大好きになってもらい、大好きな先生、教室という環境下で学習のルールの習得をめざした。

　ある日、担任が私に「校長先生、見てください。Aさんがつくったんですよ」と、紙でつくったトイレの模型を見せてくれた。それはとても精巧にできており、彼の興味・関心の深さを十分に窺い知ることができるものだった。校長室には、従前から多くの子どもたちが休み時間を利用し、顔を見せに来てくれていた（写真）。時には特別支援学級の児童や、通常の学級の児童のクールダウンの部屋としても活用していた。Aさんも自然と校長室に顔を見せてくれるようになっていたので、さっそく、模型について詳しい説明をしてもらった。その後は校長室に来て得意な表情で、メーカーによる細部の違いまで細かく描かれたトイレの絵を見せてくれたり、また、自由帳を持参し、トイレの塗り絵に熱心に取り組む様子が多く見られるようになった。ただ、当初は"休み時間中だけ"という約束はなかなか理解できなかった。一緒にいたクラスの友だちが、時間が来たからという理由で色鉛筆を取りあげてしまい、本人が泣き出すという場面も見られた。しかし、担任が"時間が過ぎても自分から教室に戻り学習活動に参加できた"という称賛を、遅れたこと

への叱責よりも大切にし、支援を継続してくれたことで、次第にチャイムの意味を理解し、自分から教室に戻れるようになっていった。あわせて教室からの逸脱行動も次第に減り、1学期も後半になると、椅子に座り、黒板と向き合う姿が多く見られるようになった。

　また、登校時に私が正門で5・6年生の代表児童と一緒に朝の挨拶をしていると、Aさんも一緒に加わり「おはようございます」と大きな声で挨拶をしてくれるようになった。最初は戸惑っていた5・6年生であったが、私と一緒に笑顔で挨拶をしているAさんを自然と受け入れ、挨拶終了後には正門から下駄箱まで手を繋いで送り届けてくれる場面も観られ、微笑ましさを感じることもあった。

4．Aさんのその後

　本ケースは、昨年度まで着任していた前任校のときのものである。

　2年生の3学期を迎えたAさんは、当たり前のように椅子に座り、授業に臨んでいる。校内のケース会議でも、困り感を抱えている児童として名前はあがっていない。潜在化していたAさんの困り感を正しく理解し、適切な支援が行われた結果が、現在の落ち着いた学校生活に結びついたと考えられる事例である。

事例で理解する子どもの困り感

特定の授業から問題行動を起こす
子どもへの対応

埼玉県越谷市立大袋北小学校長　関口　利夫

【事例】小学校２年生の男子Ａさん、好奇心が旺盛で学校生活、家庭生活においても、さまざまなものに興味を持ち、活発で明るい性格の持ち主である。
　２年生進級時に、行動が活発になり担任が注意を促したり、注意を続けると暴言を吐いたり、暴れたり、泣きわめいたりするという行動が見られた。また、授業中、算数の時間を中心に、学習内容がわからないと担任に抗議し、暴れるという行為を繰り返した。校長として、Ａさんにとって最適と考えられる環境の整備や学校および家庭における対応方法の検討に入った。

1．児童の実態把握

　１年生児童において入学期は、生活環境の大きな変化から、学校生活に戸惑いを感じる児童も少なくない。しかしながら、学級担任の意図的、計画的、継続的な指導により、４月から５月の終わり頃には、多くの児童が学校生活に上手に適応することができるようになる。その時点で、多くの離席行為、暴言や暴力、極度のこだわり、登校しぶり等、他の児童の様子とは大きく異なる児童や学力がいちじるしく遅れていると感じられる児童については、特別な配慮が必要な児童として、実態把握を行っていく必要がある。

　ここで言う実態把握とは、対象児童のさまざまな行動はもちろんのこと、本人の家庭環境やこれまでの経歴、学校生活へ適応していくことでどんなことに「困り感」を抱いているのかを調べ、把握していくことである。Ａさんは２年生から徐々に、問題行動が頻繁に現れることになったことから、校長として、対象児童の実態把握を進めていくうえで、教頭および学級担任、学年主任で先に述べた視点を確認し、まずは、「困り感」以外の視点から実態把握を試みた。

家庭環境においては、両親ともに健在で、過保護、過干渉、ネグレクトのような状況はなく、学校の教育活動についても理解や協力が得られている。また、兄や妹との関係も良好で、一般的な家庭であった。次に、就学前の様子については、近くの幼稚園に在園し、保幼小連絡会議の際にも、「元気で活発な子」ということだけで、配慮を要する子どもとしてはあげられていなかった。さらに1年生担任からの引き継ぎでは、自分の意にそぐわないことがあると、暴言を吐いたり、暴力を振るったりすることは年に何回かはあったが、その都度、指導を行うと素直に受け入れていたとのことであった。これらの実態把握を踏まえ、さらに、学校生活での様子を校内教育相談・支援委員会で確認した。

　登下校については、班のなかでトラブルを起こすこともなく問題なし。朝、業間時間、昼休み、放課後などは、外遊びを好み、友だちとなかよく遊ぶことができている。給食時間も好き嫌いなく、落ち着いて過ごすことができ、清掃時間も協力して活動できていた。次に各教科における現状については、国語における読むこと（声に出して読み進めること）・書くこと（書きうつすこと）・聞くこと・話すこと（発表）や音楽、図画工作、生活科等については、意欲的に取り組んでいる。とくに、体育については、学級でもトップクラスの運動能力・体力の持ち主で他の児童の手本となるような活動ぶりである。しかしながら、算数の授業において、一斉における指導のなかでは、問題の意味や計算の仕方がまったく理解できず、興奮して暴言を吐くことが多いとのことであった。これらの実態把握から、校長として、特別支援教育の観点からAさんの問題行動の原因を「困り感」に視点をあてて、検討していくこととした。

2．校内組織の本稼働

　これまでの実態把握を踏まえ、校長として、校内教育相談・支援委員会にて、Aさんへの対応を検討することとした。

　「子どもの行動にはすべて理由がある」との理念を示し、委員会メンバーで考えられる原因、困り感について検討させた。一般教員における特別支援教育の知識や対応力については、十分とは言えない状況を踏まえ、特別支援

学級担任、特別支援教育コーディネーターから、障がい種（①知的障がい、②肢体不自由、③病弱・身体虚弱、④弱視、⑤難聴、⑥言語障がい、⑦自閉症・情緒障がい）およびその特徴について概要を説明させ、Aさんに該当する要因を協議させた。

3．保護者との連携

　校内教育相談・支援委員会での協議の結果、「知的障がい」および「自閉症・情緒障がい」により学校生活への不適応が起きていると仮定し、学級担任、管理職同席のもと、保護者との教育相談を設定した。現状を保護者に伝えるとともに、しつけや生徒指導により改善されるものだけではないことを伝え、子ども自身ではどうにもできない原因から困り感を抱き、それを周囲の人間に問題行動として、SOSを求めるケースがあることを理解してもらった。

　そのうえで、Aさん本人の困り感がどのような要因によるものなのかを、正確に把握するために、専門機関（本市に設置されている教育相談機関）への相談を勧め、対応してもらうこととした。

4．専門機関との連携

　今回のケースについては、学校と家庭と専門機関の三つが連携することでより効果的が得られることが予想されるため、保護者には、学校と専門機関が直接、情報を共有することができるよう依頼し、体制整備を行った。

　第1回目の保護者と専門機関との相談日を確認し、相談終了後に、相談のやりとりの情報と学校側と専門機関が直接、情報交換をすることについて承諾されたかを確認し、専門機関との情報共有と今後の方向性について確認を行った。専門機関との連絡については、重要な守秘義務があることから、管理職のみとして連携を図った。4回ほどの保護者および専門機関との教育相談の後、発達精密検査を実施する運びとなった。結果は、知的分野の一部と情緒分野にいちじるしい課題があり、実年齢との差が3歳低いことが明らかになった。今後は、専門機関と学校で連携を図り、この検査の結果とAさんの困り感、問題行動との関連を双方から保護者に伝えるとともに、今後の方向性について、保護者、学校、専門機関の3者で話し合いを進めることとし

た。

5．特別支援学級転籍に向けて

　今回の発達検査結果を受け、Aさんについては、一斉による指導で本人の努力では、学習進度についていけないこと、既習事項の習熟がとくに重要である算数の授業において、習熟不十分なためにストレスが増大していること、そして、それが困り感として、問題行動に表れていることを整理し、専門機関とともに、少人数で個別の支援を行っていくことが可能な特別支援学級への転籍がAさんにとってよりよい学習環境であると判断（市就学支援委員会判断を元に）し、保護者との教育相談を学校と専門機関の双方から行っていくこととした。

　特別支援学級への転籍について保護者の理解を得ることは、たいへん困難なことである。特別支援学級＝障がい児学級という概念を払拭する必要があるからである。保護者との教育相談にあたり、次の5点を重点に話し合いを進めた。

①Aさんの問題行動は、家庭でのしつけや学校での生徒指導等、一方的な強制指導では改善が困難であること。

②Aさんの問題行動は、大集団のなかで行われる一斉指導の学習に大きなストレスを抱えること（困り感）から生じていること。

③Aさんの問題行動は、自分の困り感について周りの大人にSOS（救い）を求めるために行っていると考えられること。

④特別支援学級は、そのような子どもたちに、実態に合わせて、よりきめ細かな個別の指導・支援ができる環境であること。

⑤学校全体をあげて通常学級も特別支援学級も同じ学校の学級であることを児童や保護者に理解してもらうよう努めていること。

　校長として、これらの点を学級担任、特別支援学級担任、特別支援教育コーディネーターとともに、保護者との教育相談を重ねるとともに、算数を苦手とするAさんに、算数の時間を中心に特別支援学級での体験を試みたり、その様子を保護者に見てもらったりするなどの対応を行い、保護者に特別支援学級に籍を置き、学校生活を送ることが、わが子にとって、楽しくかつ力

を伸ばす環境であることを理解してもらった。

6．転籍後の経過観察と対応

　Ａさんは３年生より、特別支援学級に転籍し、学校生活を送っている。自分のペースに合わせて学習が進められること。その結果、できることがたくさん増え、褒められる喜びをたくさん味わうことにより、達成感や自己肯定感を高め、学級のリーダーとして活躍するようになった。また、得意な体育は交流学級で活動し、もともと優れた運動能力や体力を発揮し、通常学級の子どもたちとも、よりよい人間関係を築いている。今後は、実態を見極めながら、保護者や専門機関と連携を図りながら、次年度や中学進学時の進路について教育相談を重ね、将来を見据えた対応を行っていくことが重要である。

＊

　「子どもの行動には、すべて理由がある」。最前線で子どもたちと接する学級担任は、問題行動を起こす児童に対して、集団規律の重要性を説き、よりよい行動を促すよう努める。しかしながら、そのような問題行動のすべてが教師の指導や家庭のしつけで解決できるものばかりではないことを理解させ、児童が何かに大きなストレスを感じ、問題行動を起こしている場合もあることを想定し、この児童はどのようなことに「困り感」を感じているのかを探る視点を持つことが重要である。

事例で理解する子どもの困り感

実行機能の課題や弱さのある子ども

栃木県鹿沼市立北小学校長　福田　宜男

【事例】小学校１年生男子Ａさん。水たまりの残る校庭で、昇降口に入らず泥団子づくりを始めてしまう。教室に入るように促してもすぐには切り替えができず、遅れて教室に。ランドセルから教科書等を出して机の中に入れたり、ロッカーに片づけたりできない。教室から飛び出して大きな声を出して泣くことも多々ある。クラスの子に声をかけたり、叩いたりして、相手の悪口を言ったり、蹴ったりして大きなトラブルが発生することもしばしば。チャイムが鳴っても、自席に戻れず、廊下や昇降口付近で好きな遊びに夢中。学習では、教師が説明や指示しても活動に取り組めない。何度か促してやっと活動に取り組むが長く続かない。好きな図工では夢中になると、授業が終了しても取り組み続ける。また、離席したり、教室から飛び出したりすることもしばしば。校庭に出てしまうこともあり、他の教師が見守ることもある。

1. 子どもの困り感を理解するポイント

今のことがＡさんの中心にあり、課題を実行したり、遂行したりできないことで叱られたり、注意されたりすることになった。実行機能の課題や弱さを有していると思われた。そのため、取りかかりや達成する力、時間の概念、記憶、整理整頓、柔軟性、感情のコントロールなどの課題が生じていたので、各項目を詳細に確認し、支援することが求められた。

2. なかなか取りかかれない

課題の切り替え、または、教室移動のときなど、今、していることから離れられない。また、毎日習慣化していると思われることもたくさんの促しが必要である。片づけや掃除など、やりたくないことは、いつも不平を言って避けようとしたり、やるべきことの計画を立てたりできない。

また、ランドセルから提出物を出せずにいることも多い。自分がやりたい

と言ったことでも、結局やらないことも多い。自分自身の行動の結果について考えることがむずかしい。

〈対応や支援の例〉

①アナログ時計を見せて、今、していることを切りあげる時刻を伝え、目的の時間が近づいたら、時間とすべきことを予告し、できたらほめる。

②言葉による指示では課題をイメージしにくいため、絵や写真カードを利用して行動の切り替えを分かりやすくする。

③課題を「簡単」「普通」「むずかしい」などの難易度で分けて、初めに容易な課題を片づけるなど、子どもに選択させる。

④「はじめに－そして」という二つのステップから切り替えの言葉を教える。

3．取りかかっても達成できない

なんでもすぐにあきらめてしまう。課題の最中、教師がずっと横にいないと投げ出してしまう。何でも時間がかかりすぎて終わらない。好きなことにだけ取り組む。別のことを思い浮かべて、ぼうっとしている。別のことを思い浮かべたら、すぐにそれをやり出してしまう。

〈対応や支援の例〉

①子どもの集中力に合わせて対処可能な課題の量や質に分ける。

②作業の手順を箇条書きにして用紙に書き、常に目につく場所に貼っておく。複数の場合は、1冊のノートにまとめ、場面に応じて開くとよい。

③子どもに作業を指示する場合は、手順と最終的な仕上がりを絵や写真で示すとよい。

4．時間どおりにいかない

毎日しているはずのことがなかなか身につかない。課題にかかる時間を甘く見積もる。自分の能力を非現実的に高く設定する。約束や予定があったはずなのに、気づいたら過ぎている。いつも学校のテストの時間が足りない。ちょっと我慢して待つことができない。計画が立てられない。

〈対応や支援の例〉

①課題にかかる時間を調べてみる。たとえば、体育の準備などでの行動を細

分化し、それぞれにかかる時間をまとめる。

②時間の経過とともに文字盤の色の幅が変化するタイマーを利用し、時間の視覚化や予告を併せて用いる。

③１週間の計画表に、準備や実施済みなことには×を記入し、取り組む。

5．なんでもすぐに忘れてしまう

一度に二つ以上の指示をすると、何かしら取りこぼす。注意しても、叱っても、同じことを繰り返す。忘れ物や失くし物が多い。文章は読み返さないと理解できない。物語の起承転結がつかめない。算数の式を立てられない。自分が言ったことでさえ忘れて、約束のトラブルが絶えない。

〈対応や支援の例〉

①多くのことをばらばらに覚えるのはむずかしく、情報をカテゴリー化してリストにまとめると記憶に残しやすくなる。

②禁止したい行動が見られる場合、好ましい行動を具体的に指示する。

③ほめる際は目的の行動が見られた直後に、一貫性をもって約束のシールを与える。

④子どもに指示を与えた直後に、その指示を復唱させる。

6．整理整頓ができない

片づけを指示されてもできない。学校に着いた後、机にしまうことができない。その後、ロッカーにしまうことができない。配布されたものを連絡袋に入れられない。体育着などを丸めて袋に入れる。学習後に教科書などを机にしまえない。

〈対応や支援の例〉

①整理整頓の作業をステップに細分化して促し、写真や用途でラベルを貼るなどカテゴリー化する。

②「すること」「済んだこと」の入れ物を用意する。

③今いるところから離れるときは、忘れ物や落とし物がないように「見回して確認する」習慣をつける。

7．臨機応変がむずかしい

　自分のやり方にこだわる。人の提案や意見を聞かない。予定の変更が苦手。白黒をはっきりしないと気が済まない。暗黙の社会ルールを感知しない。ほかの子どもと共感的に遊べない。頑固である。場の雰囲気をとらえることが苦手。

〈対応や支援の例〉

①物事の予測が苦手な子には、予定の変更を絵や写真を使って視覚化する。

②気持ちのリセットを教える。

③声の大きさを小さな声「1」、普通の声「2」、大きな声「3」と数字でスケール化し、パターン化して教える。

8．感情がこんがらがる

　かんしゃくを起こす。泣きわめいた後にケロッとしてはしゃいでいる。いったん感情が混乱するとなかなか収まらない。他の人の意見にすぐ反対して議論をふっかける。行動の制御がきかず暴力的になる。反抗的な反面、人に何か言われると落ち込みやすい。あまり考えずに衝動的に行動する。人の気持ちがわからない。

〈対応や支援の例〉

①感情表現の語彙が乏しく、大人がその時々の気持ちを言葉にして伝える。

②感情の強さを表すカードをつくって、自分の気持ちを考える機会を与える。

③パニックやかんしゃく、人間関係のトラブルを和らげるために、あらかじめ気持ちが安定しているときにルールを決めて約束する。

＊

　Aさんの場合、このような課題があり、困り感に寄り添った対応や支援をできる範囲のなかで行ってきた。簡単なAさんノートを作成して、不適応が生じないようにしたが、通常学級だけでの支援では不十分であった。学校では発達障害等の特性を有していると判断できたが、合理的配慮を提供しているとは言えないと思われる。多くの学校では、程度の差はあるがこのような状況があると思われる。

> 事例で理解する子どもの困り感

主に学習につまずきや課題のある子ども

栃木県鹿沼市立北小学校長　福田　宜男

【事例】小学校2年生男子Aさん。Aさんの学習でのつまずき・困り感についてまとめると下記のようになる。

項目	予想されるつまずきや困り感
聞く	○全体への指示や、個別の指示を一度で聞くことがむずかしい。集中することのむずかしさがあるのか、ことばの意味がわからないのか。
話す	○質問されたことがわからず、ずれた話をする。 ○話をするのにためらうこともある。
読む	○文章の内容を読み取ることがむずかしい。 ○特殊音節の読みに課題がある。 ○「飛ばし読み」や「勝手読み」がある。
書く	○ときどき鏡文字を書くことがある。 ○文章の語尾の表記が曖昧になる。
計算する	○時間をかけて計算に取り組むが、ミスが生じやすい。 ○文章題の文章の理解がむずかしい。
推論する	○答えようとするが、文章の意味をよくとらえられていない。 ○自分の思いだけで話を進めたり、一方的に考えたりする。
行動に関すること	○集団での行動で遅れることがしばしば見られる。 ○友だちの行動を見て行動することが多い。 ○話が終わらないうちに行動しようとして失敗する。
感情に関すること	○イライラすることも見られるが、比較的安定している。 ○自信のなさそうな表情を見せることがある。

1. 子どもの困り感を理解するポイント

　Aさんの課題の中心に、学習でのつまずきが予想された。そのため、「聞く」「話す」「読む」「書く」「計算する」「推論する」等の項目での事例を見ていきたい。とくに、「聞く・話す」では配慮事項（主に通常の学級での配慮）を提示していく。つまずきや困り感への理解の一助にしてほしい。

2. 聞く・話す

(1) 聞く

　子どもの姿として、「1対1の場面でも、口頭での指示に困っている／口

頭での指示がわからない」「話し合いや会話に参加しにくい」「遊びのルール
がわからない」「雑音があると聞き取りにくい」「新しい言葉をなかなか覚え
られない（語彙が少ない）」「聞いたことをすぐに忘れてしまう」「授業中や
会話での聞き返しが多い」「聞いていないように見える」などがある。

つまずきや困り感に対する考えられる弱さとしては、注意の集中、音韻の
弁別・音韻操作能力、ワーキングメモリ、語用・情報を統合する力が複数関
連している。配慮事項として以下のことに留意したい。

①雑音への配慮

廊下側や窓際の席をさけたり、耳栓の使用を求めたりする。また、音楽室
に近くないような部屋を用いる。校庭や体育館などの広い場所では、重要な
内容については、あらかじめ文字で示したものを準備しておく。

②教師の話し方の工夫

発音を明瞭にするようにする。指示した後は、子どもに復唱させたり、具
体的な視覚的な手がかりを使いながら行う。また、困難のある子どものそば
で指示をわかりやすく繰り返し、注意を引きつけてから話し始める。

(2) **話す**

子どもの姿として、「分からず、単語で質問に応じる」「単語のなかの音を
言い間違えている」「えっと、あの、など間投詞が多い」「まとまった内容が
伝えられない」「すぐに『わからない』と言い黙る」「自分ばかり一方的に話
してしまう」「質問に答えず違う話題で話す」などがある。

つまずきや困り感に対する考えられる弱さとしては、注意の集中、音韻の
弁別・音韻操作能力、ワーキングメモリ、語想起、統語、語用、構音、情報
を統合する力、意欲・自信が複数関連している。配慮事項として以下に留意
したい。

①話しやすい環境をつくる

子どもが間違ってもからかわれないような学級づくりを心がける。黒板に
5W1Hのカード等を示し、それに沿って話すことを意識させたり、モデルに
なるような子どもを先に指名して、何をどのように話すかを示したりする。

②子どもの失敗への対応

途中で黙ってしまう、立ち上がってもなかなか話せない場合には、具体的

な質問をして、話を引き出す。子どもの話がまとまらない場合、教師が子どもの伝えたい内容を5W1Hに沿って整理して繰り返す。

3. 読む・書く

⑴ 読む

　子どものつまずく姿として、「ことばのまとまりで読むことができない」「習った字（漢字など）を読み間違える」「読むのが遅い」「読んだ内容を理解することがむずかしい」など、状態もさまざまである。主な読みのつまずきの領域として、「①語の正確な読み（逐次読み、読み間違いが多い、特殊音節や漢字が読めない等）」「②流暢性（文章をすばやく、正確に、適切な調子で読む）」「③読解（語の正確な読みや流暢性の乏しさ、聞いて理解する能力の弱さによって困難をきたす）」がある。読むことができない場合、すべての教科での学習につまずきが生じやすくなる。「語の正確な読み」と「流暢性」を高める早期支援の効果が報告されている。

⑵ 書く

　子どものつまずく姿として、「不正確な綴り（漢字の細かい部分を書き間違える）」「読みにくい字」「文法的な誤り」「決まったパターンや、短い文章」などの表記が見られる。書くことは、「聞く」「話す」「読む」といった活動の総合的な力を要する。「書く」領域は、表現すると同様の役割をもち、「話す」ことに比べて、表現したものが視覚的に残るため、より正確さが求められる点で難易度が高く、それゆえに書くことにつまずきを示す子どもも多くいる。そのため、子どもに合ったストラテジーを意識させることが必要になる。継次的な理解をすることが苦手な場合、偏と旁を書いた教材を取り入れて、視覚的に訴えたやり方を用いることで覚えやすくなることがある。また、外的要因の調整として、パソコンの活用を検討する必要も生じる。

4. 計算する・推論する

　子どものつまずく姿として、「数の読み書きができるが、簡単な足し算、引き算ができない」「計算で繰り上がり、繰り下がりに困難を示す」「繰り上げた数を足さなかったり、被除数に足してしまったりして間違う」「答の置

2 事例で理解する子どもの困り感

き方がおかしかったり、途中の足し算がおかしかったりして間違う」などがある。

この領域のつまずきは、数についての発達過程で、子どもがどの段階にあり、どのような能力の強さや弱さがあるのか把握する必要がある。とくに、「数と計算（小学校）」「数と式（中学校）」の領域について詳細に検討する必要がある。算数（数学）の学習には、言語性の能力、非言語性の能力、継次処理能力、同時処理能力、プランニング、注意、ワーキングメモリなどさまざまな因子が関与している。強い能力を利用して数学的なスキルを獲得させる方法をとり、数という抽象的なシンボルに到達する前の段階を、その子どもがイメージしやすいものや、やり方を使って示すことが必要になる。とくに半具体物のイメージ化は大切な段階である。

＊

学習障害の子どもや疑われる子どもは知的発達に遅れが見られないため、周りには障害がはっきりと見えにくく、「勉強ができない子」「話を聞かない子」「協調性のない子」「なまけている」などと誤解して見られてしまう。子ども自身は「どんなにがんばってもどうせできない」「自分には能力がない」と自信がなくなり、勉強への意欲や自尊心が低下してしまうことがある。このような失敗体験や自信のなさ、意欲の低下などから周りの友だちから孤立し、学校に行きたくなくなるなど、本来なら学習障害と関係のない問題に発展してしまう可能性も低くない。

§3

事例で理解する
合理的配慮・基礎的環境整備

事例で理解する合理的配慮・基礎的環境整備

校長自らが障害について学び、
支援体制構築をめざして

佐賀県佐賀市立大詫間小学校長／前佐賀県みやき町立中原小学校長　平田　陽介

【事例】難聴学級在籍児童６年生の女子Ａさんについて説明したい。両耳重度難聴で身体障害者手帳２級を取得。感音性難聴（聴取した音や言葉には、歪みが生じる）。難聴の原因は特定不明。１歳半検診で難聴を指摘され、大学病院受診後、確定診断。補聴器両耳装用で、距離１ｍ程度からの話声がある程度聞き取れる。しかし、少し離れたり、周囲の雑音が多かったりすると聞こえ難い。普段の会話は、補聴器両耳装用で、話し手の口形も手がかりにし、内容をつかもうとする。文脈やテーマを伝えるために、付箋紙等による書字情報の保障は不可欠である。聞き取りのむずかしさから話の内容を誤って理解していることがあり、活動前後に内容等の確認を必要としている。校長として赴任して２年間、難聴学級について学ばせていただいた。そのことをもとに、今回は、難聴学級が新設されるという場面を想定して、合理的配慮＝支援体制構築について述べていきたい。

１．障害について学ぶ

　現在、佐賀県の小学校153校に特別支援学級が設置されているが、そのほとんどは、知的障害や自閉症・情緒障害を対象とする特別支援学級である。これに対して難聴学級の設置はわずか20校であり、難聴学級の児童と出会う機会は稀である。当然、かかわる教師側にも難聴児の困り感を十分理解している者は少ないのではないだろうか。本校では、初めて難聴児にかかわる際には、ろう学校の巡回相談を活用し、対象児の困り感について理解を深めるように努めている。

　難聴児には「大きな音を聞かせればよい」と誤解されがちだが、感音性難聴では「音に歪みを生じる」という実態について正しく理解する必要がある。たとえば、難聴疑似体験を通して、「音の歪み」からくる聞き取りの困難さ

を十分実感できる。単に音量を上げるだけでは、難聴児の困り感は解決しないのである。また、補聴器体験も有意義である。通常、人はたくさんの環境音のなかから、自分が聞きたい音だけを感知し、聞いている。しかし、補聴器は、周りの環境音全体を増幅し補聴するので、喧噪のなかでは不快感が大きい。体験してみて「補聴器を装用しているから何でもはっきり聞こえるだろう」という認識はなくなった。このような体験や研修を校長自らが入学以前に行っておくことをお勧めする。後で述べる合理的配慮も、障害に対する正しい理解がなければ実態に合ったものにはならない。そして、学校の全職員が支援体制構築に向けて意識化するためにも、事務室も含めすべての職員がこのような研修を受け、準備しておくことが大事である。

2. 学校見学会の実施

　新1年生が小学校に入学するにあたり、各市町村で就学相談会が行われている。その際に、必ず、学校見学会を実施できるように教育委員会と協力しながら保護者への声かけを行いたい。一堂に会する参加者として、対象児童・保護者・管理職・特別支援教育コーディネーター・教育委員会担当者が一番望ましいと考える。学校側からは、支援体制構築に向け、保護者とていねいに話し合い、疑問や不安にその場で明確に回答できるように、管理職は必ず参加する必要がある。この場で確認したいのは、次の内容になると考えられる。

①診断名・検査結果…可能な限り生育歴まで

②関係機関（医療機関や担当者・療育の機関）

③対象児童の特性や困り感…興味・関心のあることと苦手なこと（学習面・生活面・健康面・食事〈給食〉・運動面・登下校など）

④保護者の願い…対象児童の願いも

⑤本校の特別支援教育の説明

⑥見学（交流学級と特別支援学級）…実際の教室の音響環境を騒音計で計測しつつ、対象児の聴き取りの様子を観察、対象児本人の実感等も確認

⑦質問や確認

　このような学校見学会を通して、児童の実態や保護者の願いをていねいに

聞き取り、合理的配慮すなわち支援体制の構築に向け、校内支援委員会で確認し、入学に向けて準備を開始する。

3. 学校が行う合理的配慮

　学校で実施できる合理的配慮とは、教職員の創意工夫や当初から計画されている学校予算の範囲でできる支援と考えている。次に述べる4点である。

⑴　入級予定児の障害についての理解と職員の共通理解

　新設に向けて、該当する障害種の特別支援学校へ巡回相談を要請し、全職員が体験および研修を行う。そのうえで、全職員が一貫した対応を実施できるように共通理解を行う。たとえば、難聴では、次のような点である。

○話しかけるときは、児童の正面から口を大きく開けて話す。

○後ろから話しかけても聞こえないので、気づかないときは肩をトントンと優しくたたいて合図し、児童の顔を見て話す。

○学級・学年全体の前で話すときは、必ず、FMマイクを使用する。

○体育館では、放送機器にFMマイクを直接接続し、全校集会等で職員が話すときは必ずマイクを使用する。

○校内放送が流れているときは、近くの職員が内容を伝える。

⑵　教育課程の編成

　教育課程を編成する場合は、本人の実態に即した編成が必要である。難聴は、知的障害等とは異なるものの、言語の獲得や発達全体に影響することを理解し、児童の実態を把握して学習内容を計画していくべきである。自立活動においては、たとえば、難聴に起因した不明瞭な発音のために相手に伝わりにくい場合には発音練習を行う。また、交流学級での学習を振り返り、難聴の影響による課題があれば解決するなど、学習の評価を行いながら、通常の学級のなかでの支援をどうするかについても考える必要がある。

⑶　教室環境づくり

　原則として、静かな音響環境で学習できるように教室を配置する。現在の難聴学級の在籍は一人であるため、主に個別の学習を行う場所として位置づけられ、補聴支援スピーカーも使用している。

　また、現在の交流学級では、授業者の内容が理解しやすいように、教師の

口元を確認しやすく、声が届きやすいことを考えて、Aさんの座席を教室の真ん中で前から2番目あたりに配置した。児童の学習の様子をよく観察し、児童の聞こえや気持ちの個人差に配慮し、本人と相談しながら、座席を配置することが望ましい。また、すべての教室の椅子の脚にはテニスボールなどを装着し、不要な雑音が発生することを防いでいる。

⑷ 校外学習やゲストを招いての学習

校外学習では、必ず教師が下見を行い、環境音を含めた状況を把握しておく。事前に確認した内容は、ペーパーに詳細に書き、事前に本人と保護者に説明することが大事である。たとえば、工場見学では、音が大き過ぎて補聴器装用中に頭が痛くなる場合がある。音の大きさを確認し、場合によっては補聴器を外し、筆談や手話通訳を行い、視覚的に情報を保障する。なお、手話言語による情報保障を必要とする児童が在籍する場合は、手話通訳者に依頼するといった配慮も求められることも確認しておきたい。

また、本校では、校長の話、お話会の人形劇の台本など可能な限り文字に起こして事前に本人に渡している。

4．設置者が行う合理的配慮

人の配置や備品など予算が個別に必要なものは設置者である町へお願いする。新設する場合必要と考えられるのは次のような例である。

①FM補聴援助システム（送受信機、充電器、バッテリー含め、2セット）、補聴支援スピーカー（難聴学級で個別学習を行う際のスピーカー）。

②手話通訳ボランティア（校外学習やゲストを招いた学習の回数分）、支援員（難聴学級に複数入級し、学年が違う場合）

③教室の設備（防音設備、空調設備〈窓や戸を締め切るので、夏が暑い〉）

＊

合理的配慮には、学校または設置者が行う配慮があり、指示を出したり、交渉したりする必要がある。そのためには、校長が障害特性についての理解を深め、リーダーシップを発揮し、真摯に遂行していくことが大事である。

事例で理解する合理的配慮・基礎的環境整備

合理的配慮の提供を求めて
「学級担任を代えてほしい」という保護者

福岡県久留米市教育委員会教職員課長 **松本　良一**

【事例】小学校１年生のＡさんは、発達障害の診断を受けて、入学前から療育を受けていた。知的な遅れはないが、見通しをもつことが苦手なことや聴覚や触覚の過敏さがあるなどの特性があった。

　小学校入学に際しては、きめ細かな支援を求めて、小学校の自閉症・情緒障害特別支援学級に就学した。担任は、ベテランの教員であったが、Ａさんのような特性をもつ子どもの指導経験がなく、音声が中心の指示や説明、がんばればできるといった努力重視の指導姿勢など、これまでの経験に裏づけられた指導を行った。その結果、徐々にＡさんの学校への行き渋りが始まった。

　このような状況に心を痛めた保護者は、入学時からＡさんの特性について説明してきたにもかかわらず、それに対する適切な合理的配慮を講じなかった学校に対して「担任の交代」を要望した。

1. まずは、子ども理解の仕切り直しを行う

　学校としては、保護者の要望がいかに合理的であったとしても、年度の途中で学級担任を交代することは避けたい事態である。しかし、Ａさんが抱える不安が解消されずに不登校になるという二次障害だけは、絶対に防がなければならない。そこで、校長、教頭が改めて直接、保護者の話を聞くとともに、子ども理解のために保護者が求めている関係機関（病院の主治医や療育機関の言語聴覚士等）を交えたケース会議を開いた。

　そのなかで、Ａさんにとって見通しをもつということは、単に次の日の時間割がわかることだけでなく、各時間の主な学習活動の内容がわかること、誰とどこで学習するかがわかることなど、より具体的な情報が必要であることがわかった。また、入学当初に一見して落ち着いてみえていたことは、過剰適応（がんばりすぎ）の状態であり、家庭でその反動が出ていたこともわ

かった。このような子ども理解の内容について、管理職を含めた一部の教員が把握するだけでなく、教頭が自分で学習したことも含めて独自の資料を作成し全教職員に配布し説明した。このことは、保護者が望む子ども理解に関する情報の学校全体での共有となり、Aさんにかかわる教員の対応がよりよい方向に変わるきっかけともなった。

　年度の途中で保護者の要望に応じて担任を交代させたいと考える校長は一人もいないが、「できません」と言うだけでは問題は解決しない。保護者が望んでいるのは担任交代ではなく、子どもが楽しく学校に行けることなのだから、担任を代えてほしいとまで言わざるを得なくなった背景に目をむけ、共感的に保護者の訴えを聞く姿勢を示すことが重要である。そのうえで、学校外の専門家が参加するケース会議は、貴重な学びの場となり、保護者の要望する合理的配慮が本当に合理的なものであるかを判断する場ともなった。また、ケース会議に管理職が参加することによって、後述する実際の支援につながる支援体制の構築等がスピーディに進むというメリットがあった。

2．必要な合理的配慮を吟味する

　子ども理解により、管理職を中心に学校全体と保護者が同じ方向を向いた後は、具体的にどのような合理的配慮を誰が、どこで提供するのかを検討しなければならない。学校で校長にしかできない大切な役割は、判断して意思決定することである。それを補佐する教頭の大切な役割は、職員とのコミュニケーションを通じて多くの情報を集めるなど、実際に行動することである。判断は、大きく「できる」「できない」「検討する（前向きに）」の三つに分かれるが、ここで重要になってくるのが、どこまでができて、どこからができないのかの判断である。

　本事例で、校長は担任交代はできないと判断したが、現在の担任とAさんの関係性から、継続して担任がAさんを指導することは困難であると判断した。そこで、余裕教室に一時的にAさんの学習の場を設定し、教頭と養護教諭にも協力を依頼した。そのなかで、①Aさんが安心して学校生活が送れるようにすること、②Aさんが学びやすい環境を整えること、③Aさんに困難を乗り越える力を育成すること、という点をねらいに合理的配慮の提供を行

った。具体的には、①については、特別支援学級担任が作成した具体的なスケジュールをもとに、養護教諭が保護者と日常的に話をしてＡさんにも伝えてもらった。また、②については、学習スペースや休憩スペースなどの場所を明確にパーティションで区切るとともに、課題をかごに入れて棚に並べて順に取り出せるようにするワークシステムを導入した。さらに、③については、少し難度の高い課題をスモールステップで設定するとともに、それが達成できたらＡさんが好きなフラワーアレンジメントをつくることをごほうび活動として設定した。なお、できあがった作品は、校長室の机の上に飾りに行き、校長からお礼の言葉をもらうようにした。このような取り組みをとおして、Ａさんは安心して学校に通うことができるようになり、保護者の学校への信頼も徐々に回復していった。このごほうび活動については、一般的には家庭に委ねることも多いが、学校への行き渋りの子どもなどは、登校のモチベーションを上げるためにＡさんのような学校での特別な役割（この他にも、教頭先生に出席簿を届ける、先生の助手でプリントを配布するなど）を設定することが有効である。

　学校によっては、このような取り組みを、「一人のために、別室を準備するような特別扱いはできません」「教頭も養護教諭も、他の仕事があって忙しいので対応できません」と判断する場合もあるだろう。校内の人的・物的な資源をマネジメントして、合理的配慮をどこまで提供できるかを判断するのが校長の役割であり、その基準を一律に示すことはむずかしい。ただ、合理的配慮として求められているのは、「特別扱い」ではなく「特別な配慮」である。特別扱いは、その子にだけしか行わないことであるが、特別な配慮は、必要な子がいれば誰に対しても行うものだと考える。この特別な配慮の視点で、多くの学校ができないことのハードルを少しでも下げてほしいと願っている。

　インクルーシブ教育システムがめざす連続性のある多様な学びの場を考えるとき、学校における指導者や指導の場も多様にあってもいいのではないか。大切なことは、子どもの立場で考えることである。場合によっては、担任や学級の籍を正式に代えずとも、学習や生活の場を代えることを許容する管理職の柔軟な思考も大切である。

3．取り組みを継続する仕組みをつくること

　学校には人事異動があるが、人が代わっても指導の質を維持するという継続性の担保は、とても大切な視点である。

　Aさんについては、うまくいった取り組みをその後も数年間引き継ぎ、5年生になった現在も楽しく学校に通っている。その引き継ぎにあたっては、校内委員会やケース会議が重要な役割を果たした。

　校内委員会は原則月に1回、校内の気になる子どもたちの現状と今後の対応策について話し合う会議であり、管理職や特別支援教育コーディネーター、養護教諭や気になる子どもの担任が参加した。また、ケース会議は、必要な子どもについて学期に1回程度開かれていた。校内委員会のなかでは取り組みの現状等の情報が共有化され、ケース会議では医療や福祉などの専門的な立場から意見をもらうことにより、取り組みの点検評価が行われた。取り組みを進めるなかで会議を重ねるごとに、「○○がいけない、○○をどうにかしなければならない」という批判的な雰囲気はなくなり、「○○すれば○○できるのでは」といった肯定的な話し合いが自然とできるようになった。これは、取り組みをとおして高まった学校の実践的指導力の一端だと考える。

　本事例は複数の事例をもとに構成したもので、特定の個人等をさすものではないが、その複数の事例に関係した保護者全員が口をそろえて言ったことは「管理職の理解が大切」である。校長・教頭に特別支援教育に関する専門的な知識があるにこしたことはないが、当事者が最も求めていることは、子どもと向き合おうとする気持ちをもっているか、専門的な知識がなくても子どもが抱える困りに寄り添い一緒に考えようという共感的な姿勢をもっているかだと感じる。それがあれば、保護者の学校への信頼が高まり、学校と保護者のよりよい関係構築や学級担任への信頼回復にもつながる。このことで、学校が取り組む支援がより有効に働くという好循環も生まれる。

　以前、岐阜県で特別支援学校の教師をしている神山忠先生が講演会で言われた「心のストライクゾーンを広げましょう」という言葉が強く心に残っている。管理職として、困っている子どもや保護者と誠実に向き合おうとする広い心のストライクゾーンを持ちたいものである。

> 事例で理解する合理的配慮・基礎的環境整備

地域の子どもと過ごさせたい
──親の思いを実現していくために

滋賀県総合教育センター所長 **佐敷　惠威子**

【事例】５月、１回目の人事訪問を終えて間もないときのことだ。ある父親が突然学校に来られた。

「私の子どもは、現在、聾学校の幼稚部に行っています。来年４月からは小学生です。今まで、そのまま聾学校へ通わせようと思っていましたが、子どもの将来を考えると、地域で育てていきたいと、最近強く思うようになってきました。ぜひとも、こちらの小学校へ入学させてほしいのです」という話であった。

突然のことで正直驚いた。

来年の入学となれば急がなければならないことがたくさんあり、焦りを覚えた。何より、入学してくる子どもが、気持ちよく生活できる場を整えなければならないが、今まで就学についての話題にも上がらなかった件だけに、どこから手をつければよいのか、頭を抱えてしまった。

父親には、「お気持ちは分かりましたが、今後、入学に向けて越えていかなければならないことがたくさんあるので、何度か相談の機会をつくらせてください」と、お願いをして、この日を終えた。

１．新設は叶うのか？

話を聞いた後、懸案事項として一番に頭に浮かんだことは、その子どもの育ちを支えるだけの環境が準備できるかどうかであった。

私のいた学校では、知的障害、自閉症・情緒障害、肢体不自由の３種別５学級が特別支援学級としてあり、難聴のクラスは当然設置されていない。

聾学校であれば、専門的な知識を持った教員がいて、それなりの環境が整えられているはずである。これからの社会を生きていくための基礎的な力は、聾学校でこそ身につけられるのではないかと私は思い、悩んだ。

しかし、すべてにおいて待っている猶予はない。

そこで、1回目の人事訪問は終わっているが、県教育委員会（以下「県教委」）に難聴学級を新設していただくお願いをするために、急遽、市教育委員会（以下「市教委」）と対応を相談することとした。

通常、前々年度までに特別支援学級の継続・廃止・新設等を検討し、伝えておかなければならない。特別支援学級を新設していただくことは至難の業であり、たとえ、保護者の思いが強くても、今回のように「来年度すぐに」という申し出はありえないことである。

しかし、4月からは地元の学校へ行くとAさん一家は決めて動いておられる。新設があるなしにかかわらず、受け入れの体制をつくらなければならないのだ。県教委や市教委の対応を待っていられない切羽詰った状況にあった。

そこで、突破口として、聾学校とやり取りをしながら、受け入れる体制を学校なりに考え始めることにした。

2. 子どもにとって過ごしやすい環境を考える

環境を整えるには、ハードとソフトの両面からの準備が必要であるが、人的・物的な整備はお金も絡み、教育委員会との関係もすぐに動くものではないので、まずは、ソフト面から動くこととした。

当時勤務していた学校は、毎朝、地域ごとの班で集合して登校する形をとっていた。入学を希望するAさんは、離れたところの幼稚園に通っていたため、今までどれだけ地域の友だちと交流できていたか、学校としても不安になり、保護者と相談した。

保護者も地域とのかかわりは気にしておられ、入学までに地域の友だちを知るための準備段階が必要であることはご理解いただけ、無理のない程度に、子ども会の活動などに親子で一緒に参加するという方向で進めていった。

また、入学後、慣れるまで保護者と一緒に登校することもお願いした。

入学を迎えるまでの数ヵ月間、保護者は、地域と協力しながら子どもたち同士の自然な交流をつくっていかれた。その甲斐あって、地域の子どもたちは、Aさんの聞こえにくさなどを少しずつ理解していき、手話とまではいかないが、子どもたちなりに身振り手振りを交えて一緒に遊ぶようになってきた。入学に向けて一歩進んだことに、私たちは少しほっとした。

次に、学校での環境である。

聾学校では、子どもたちの聞き取りの補助として、教師がワイヤレスマイク（「ロジャー」と呼ばれる機器）を首から提げて保育をしているということを聞いた。学級全体での指導のときは、教師の口の動きも分かりにくいし、場所によっては聞こえにくい。しかし、このマイクを使うと教師の話し声は聞きやすくなり、子どもに安心感を与えるという。ただし、このマイクは保護者負担で購入されていて、学年や学校が変わればそれを持って次の学年にいき、新しい担任に保護者の方から渡されるということを知った。

本来なら、このような子どもの学びを支える機器等は、県または市の教育委員会で準備されるべきものだと思う。しかし、今回は準備期間があまりなかったので、保護者と相談し、ご好意に甘えることとした。

後に、この機器は、市教委が入学に間に合うようにと工面して準備をしてくださり、現在も活用している。

聞くことについては、補聴器とともにマイクで補えるとしても、次の大きな課題は、Ａさんの会話の力を伸ばすことである。

難聴特別支援学級ができないとなると、ゆっくり発話練習もできない。まして、大きな教室で、一日中、回りの様子を見ながら一言も発する機会がない状況では、Ａさんの学ぶ意欲も削がれてしまいかねない。

このことについては、学校だけではどうすることもできないので、市教委とのやり取りのなかで検討を重ねていくこととした。

3．環境を考えていくうちに見えてきたこと

学校としてＡさんの学習環境を整えていくうちに、Ａさんにとって過ごしやすい学習環境は、どの子にとっても過ごしやすい学習環境であり、全校で落ち着いて学べる場づくりをしていることであることに多くの教職員が気づき始めた。

環境整備には、人的・物的それぞれの整備があり、学校としてできる範囲にも限りがある。しかし、物事を一定方向だけで考えるのではなく、少し見方を変えていくと、Ａさんの環境整備のおかげで、どの子にも分かりやすい学習環境が提供でき、学校全体の学ぶ力の向上につながることが分かる。

教室環境が静かであれば、当然物事に集中できる。友だちの話もよく聞こえる。また、友だちの話をしている口の形をよく見ようとすることは、相手のほうを見て話を聞いたり、話をしたりするという、小学校での学び方の基本を学んでいることになる。

さらに、「Ａさん、今の声聞こえたかな」などと、いつもＡさんを意識し、自分の対応を振り返る気持ちがどの子にも育っていけば、自然と相手のことを思いやる、学級そのものが温かい雰囲気に包まれるだろう。

一人の困りごとを解消していくための方策である合理的配慮は、実は全校の多くの子どもたちの困りごとにも寄り添うことになり、自然な形で基礎的環境の整備となったのではないだろうか。

どの子もが「夢いっぱい　笑顔いっぱい　元気いっぱい」でいられる学校づくりは、Ａさんの入学をきっかけに、今まで以上に全校体制としてしっかり構築できてきたように思われた。

＊

市教委と県教委のご配慮により、４月、難聴特別支援学級が新設され、Ａさんは元気に入学してきた。

学校には初めての難聴特別支援学級である。手探りの状態でスタートしたが、聾学校の協力や市教委の支援により、Ａさんにとっての過ごしやすい環境を少しずつ整え、Ａさんの伸びる芽を摘まないようにと取り組んでいる。

難聴特別支援学級の担任は、今も分からないことはすぐに聾学校の先生と連絡を取って相談している。

Ａさんは交流学級での学習にも楽しんで取り組み、３年生では市内の音楽会に出場した。保護者の願いである「地域の友だちとともに学び合い、育っていくこと」は、少しずつ実現されてきている。

公立小学校では、Ａさんが卒業すると難聴特別支援学級も廃止され、今までに整えてきた備品等は市教委預かりとなる。

しかし、たとえ物的・人的なものがなくなったとしても、相手を思いやる心や温かい雰囲気での学び合いなどは、学校の文化としてすべての教職員とともに大切に残していかなければならないと強く思っている。

事例で理解する合理的配慮・基礎的環境整備

「すべての子」が安心して学校生活を送るための基礎的環境整備

前滋賀県長浜市立朝日小学校長　藤井　孝雄

【事例】学校教育においては、毎年4月にクラス替えや学級担任の交代が行われ、子どもたちにとっては、期待と不安に満ちた新年度がスタートする。特別な教育的支援を必要とする子どもたちのなかには、新しい学級の友だちとのかかわりや新しい担任の先生との出会いに戸惑いを示すことがある。たとえば、学校や学級での生活のきまりや学習時の約束等について、前年度の担任と指導方法等が異なる場合には、新しい指導方法等をスムーズに受け入れられず自分の居場所を見失い、場合によっては不登校等の学校不適応を呈することがある。そこで、本校では、特別な教育的支援を必要とする子を含め、すべての子どもたちが安心してスムーズに学校生活を送ることができる「生活の場」や「学びの場」の構築について取り組みを進めている。ここでは本校の取り組みを「事例」として基礎的環境整備について考えていきたい。

1. 安心して学校生活を送るための「4つの約束」

　特別な教育的支援を必要とする子をはじめ、学校生活に慣れていない1年生の子どもたちは、「4月からどのように登校するのだろう？」「登校したらどこで靴を履き替えるのだろう？」「学校でお客さまに出会ったらどうすればよいのだろう？」など、学校生活は子どもたちにとってわからないことがたくさんある。そこで、学校教育目標「やさしく　たくましく　瞳かがやく学校」との関連を考慮し「4つの約束」を設定し、全校集会や学級会活動等

```
＜4つの約束＞
○あいさつをしましょう…………「おはようございます」「こんにちは」「さようなら」等
○くつをそろえましょう…………「下駄箱のくつ」「トイレのスリッパ」を決められた場所、方法で「きちんと」そろえます。
○やさしい言葉で話しましょう…「一緒にしよう」「ありがとう」「ごめんなさい」「○○さん」等
○命を大切にしましょう…………交通ルールを守ります。危険な場所では遊びません。
```

の機会を見つけ子どもたちに「学校での過ごし方」等について話をしている。

(1)「あいさつをしましょう」「命を大切にしましょう」

　子どもたちは、地域ごとで集団登校をしており、上学年の班長さんやスクールガードの皆さんの見守りのなか、交通安全に気をつけて登校している。通学途上に出会う地域の方や横断歩道で止まっていただいた車の運転手さん等に「おはようございます」「ありがとうございます（会釈）」などを行うことができている。このことは上級生が下級生によきモデルとなる言動を行うことで低学年の子どもたちも同様の行動が身についてきている。

　また、学校内でお客さま等に出会った場合にも「こんにちは」の挨拶を行いコミュニケーションの苦手な子どもたちにとって、ひとつの学習機会と位置づけている。

(2)「くつをそろえましょう」

　子どもたちにとって、履き物を「きちんと」揃えることはむずかしい。理由として「きちんと」の意味が十分に理解できないことや自分の言動をじっくりと振り返る「ゆとり」が持てていないこと等が考えられる。そこで、靴の置き方について下駄箱では、靴のかかとを下駄箱の手前の端に揃えるように決めている（**写真1**）。また、校舎内で靴を脱ぐ場合は、床にビニルテープが貼ってあり、ビニルテープに沿って靴の先端を揃えることやトイレのスリッパは、使用後にスリッパ型に合わせて脱ぐように指導している（**写真2**）。言葉による指導だけでなく、脱いだ履

写真1

写真2

き物を具体的にどのように置くかを「写真」「図」などで示すことにより子どもたちにとって行動しやすくなっている。このことから子どもたちは、自分の履き物を揃えることはもちろんのこと、友だちの履き物にも気遣いができ、黙って友だちの履き物を揃えられるようになってきている。

(3)「やさしい言葉で話しましょう」

子どもたちが安心して学校生活を送るためには、お互いを「正しく認め合う」ことが大切である。子どもたちのなかには、友だちの名前を呼ぶときに「呼び捨て」「○○ちゃん」など友だちの気持ちを十分に汲んでいない場合がある。呼んでいるほうは、何気ないこととしてとらえているかもしれないが、呼ばれているほうは、知らず知らずのうちに嫌な思いを積み重ねており、友だち関係が崩れないように気遣い学校生活を送ることになる。一人ひとりの友だちを大切にするには、普段の学校生活のなかで友だちを思いやる「やさしい言葉」でのコミュニケーションが重要である。そこで、友だちの名前を呼ぶときは「○○さん」とし（写真3）、「一緒にしよう」「ありがとう」「ごめんなさい」などの言葉が自然と出てくるように廊下掲示や全校

写真3

写真4
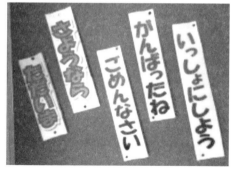

集会等で呼びかけている（写真4）。子どもたちは「やさしい言葉」の重要性に気づき、やさしい言葉を意識した言語環境を築いている。

2. 安心して学ぶ学習環境を構築するための「学習の約束」

子どもたちの学習の様子を見ていると「始まりのチャイムですわれない子」「姿勢がよくない子」「小さい声で返事や発表する子」「腕を曲げて挙手する子」

等、学級によって子どもたちの学習に向かう姿勢が異なる。このことは、担任が学級経営をどのように進めようと考えているのか、また、子どもたちに学習時の「着席」「姿勢」「発表の仕方」「挙手の仕方」等についてどのように伝え、どのような約束をしているのかによることが多い。

4月にクラス替えが行われ学級担任が交代することで、クラスごとに決められていた学習時の返事や発表の仕方等の約束が学級担任の指導でやり方が代わり、子どもたちにとっては、これまでの学習スタイルがリセットされ、新しい学習スタイルで授業を受けることになる。このような場合、特別な教育的支援を必要とする子を含め子どもたちのなかには、新しい仲間、新しい担任という不安定な学習環境であるうえに、学習の進め方や発表の仕方までも変わってしまい、安心して学習に向かえないことがある。

そこで、本校では子どもたちの「学びの姿」をより確かなものにし、安心して学ぶ学習環境を築くため、子どもたちのこれまでの学習の様子や課題、子どもたちに期待する学びの姿等について研修を深め、どの学年にも共通して指導する「学習の約束」を設けている。

学習の約束は、下のように低学年用、中高学年用ともに①〜⑧の項目に整理し、特別教室を含めすべての教室に掲示している。担任者は、年度初めや学期の初めなどに、この「学習の約束」を使い子どもたちの学習時における

＜学しゅうのやくそく＞ （低学年用）
①チャイムですわります
②「グー、ピタ、ピン」でしせいよくします
③ゆび先までのばして、手をあげます
④「ハイ」とへんじをします
⑤「声のものさし」をかんがえてはなします
⑥かおを見て、さいごまではなしをききます
⑦プリントをくばるときは、「はい、どうぞ」「ありがとう」といいます
⑧つぎの学しゅうじゅんびをしてから、やすみじかんにします

＜学しゅうのやくそく＞ （中高学年用）
①チャイムで席に着きます
②腰骨を立てて、姿勢良くします
③指先まで伸ばして、手を挙げます
④名前を呼ばれたら「ハイ」と返事をします
⑤「声のものさし」を考えて話します
⑥顔を見て、最後まで話を聞きます
⑦プリントを配るときは、「はい、どうぞ」「ありがとう」と言います
⑧次の学習準備をしてから、休み時間にします

姿勢や発表の仕方、話の聞き方、プリントの配り方等について、それぞれの学年に応じたわかりやすい言葉で伝えている。この「学習の約束」を進めることで、どの学年も同じ方法で授業を受けることになり、子どもたちにとっては、学年進行で担任や専門教科等で授業者が変わっても、同じスタイルで学習を受けることができ、安定した学習環境で学ぶことができる。

　子どもたちの振り返りによる「学習の約束」に関する自己評価（プラス評価の割合）によると「②良い姿勢で学習する」「⑧学習の準備をしてから休み時間にする」項目は70％台であるが、「①チャイムで席に着く」「③指先を伸ばして挙手する」「⑤声の大きさを考えて話す」項目は80％台、その他の項目については90％以上となっている。とくに「④ハイと返事をする」項目については95％を超えており、授業者と子どもたちとの意思疎通の基礎が培われ、学習意欲の向上に繋がっている。

　本校では、授業のユニバーサルデザイン化についても推進しており「誰もがわかる、できる授業」を実践するうえで、「学習の約束」は一人ひとりの子どもたちを大切にする安定した学習環境の確保を担っている。

事例で理解する合理的配慮・基礎的環境整備

読み書き障害（ディスレクシア）の子どもへの対応

新潟県新潟市立小新中学校教頭　本間　謙一

【事例】通常学級に、認知特性として「話し言葉では問題がないが、文字などの書き言葉に困難がある」Ａさんが在籍し、小学校時から支援を受けてきた。しかし、中学校入学後、保護者より「本人の期待する状況に至っていない」と相談されたため、学校として現状を見直し、校内インクルーシブ教育システムの構築に向けて、合理的配慮と、基礎的環境整備を組織的に進めることとした。また、同時に、教育委員会、大学等から指導を受けながら連携して取り組み、本人、保護者との合意形成も積み重ねた。その結果、特別措置での入試により、第一希望の高校へ進学することができた。

1．Ａさんの状況について

まじめで誠実な性格であり、委員会や学級活動等にも熱心に取り組んでいた。また、運動部の部長として、仲間からの信望が厚い生徒である。

大学が行ったある研究調査において5歳から小学校6年生までの発達過程を調べる追跡調査にて、偶然、小学校2年生時に「読み書き障害（ディスレクシア）」の疑いが浮上した。その根拠は以下の3点である。

①知的な遅れ、社会性、その他の遅れが見られない。

②学校生活でも、教師や周囲の子どもたちとのトラブルはなく、活動の参加等も問題がない。

③知的な遅れがないにもかかわらず、検査結果から「読む」「書く」の力が極端に弱い。

2．取り組みの経緯

入学後の7月、保護者から担任に、「中学校での生活・学習への適応について、本人の期待する状況に至らない」こと、「通常学級で必要可能な支援

をうけながら学校生活ができないか」と相談があった。報告を受け、校長、教頭、学年主任、担任、保護者で経緯と状況を共有した。

その後、大学、市教委特別支援教育サポートセンター等に相談し、今後の支援や対応について共通理解したうえで、全校体制として合理的配慮と、基礎的環境整備に向けて組織的に取り組んだ。

3．学校で判断した合理的配慮

(1) 職員研修の実施（1年次）
①読み書き障がい（ディスレクシア）の基礎知識。
②Aさんの状況確認と共有。
③各教科の情報交換と授業支援における共通理解。

(2) ケース会議（1～2年次）
①1月：支援の進捗状況確認と、自己有用感を促す学習方法の検討。
②5月：高校入試での特別措置を見据えた方針の検討。
③6月：定期テストにおける具体的支援と今後の検討。
　ア　定期テスト後、読み上げテストの実施。
　イ　テスト問題A3判での実施。
　ウ　VOCA-PEN（音声出力会話補助装置。あらかじめ音声を録音していたシールをペンでタッチすると、その音声がペンのスピーカーから再生される）[1]の使用検討（写真1・2）。
④7月：読み上げテスト1回目実施。
　ア　問題の読み上げは教師が行う。
　イ　解答の記入は本人が行う。
　※結果、本人はとてもやりやすかった

写真1　VOCA-PEN本体

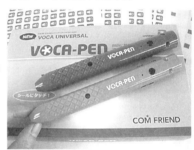

写真2　VOCA-PENによるA3判テスト

とのことで若干の点数向上が見られた。

⑤9月：定期テストに向けた家庭学習の工夫。

　ア　音声CD、ボイスレコーダー、カラー定規の使用。

　イ　家庭教師との協力（大学と連携し、学生を派遣）。

⑥10月：読み上げテスト2回目実施。

　ア　問題の読み上げにVOCA-PENを使用する。

　イ　解答の記入は市教委指導主事が行う。

　　※結果、本人はたいへん効果を実感しており、点数も大幅に向上した。

(3)　授業中の支援

①説明時は、聞いて理解させることに集中させる。

②音読指名時は、量・内容・順番等に配慮する。

(4)　定期テストの支援

①テスト問題を全校A3判に統一する。

②テスト後、VOCA-PENによる読み上げテストの実施。

4．高校入試における配慮

(1)　特別措置による入試まで（3年次）

①7月：小児医療センター受診、医師との面談および入試時における配慮事項の相談。

②9月：定期テスト。

　ア　英語以外の4教科にVOCA-PENを使用する。

　イ　英語は本人が希望する部分の読み上げとする。

　ウ　解答は本人の希望により、英語以外は筆記で行う。

③12月：校内委員会。

　配慮申請事項（問題用紙拡大、別室受験、問題読み上げ）の決定。

④1月：配慮申請の提出。

　ア　小児医療センター医師の診療情報提供書と配慮申請の確認を行う。

　イ　各公立・私立高校へ診療情報提供書と配慮申請を提出する。

⑤2月：配慮申請の了承。

　ア　管理職より、県教委高校教育課および私立高校長へ配慮申請に関する

連絡と確認を行う。

イ　各公立・私立高校長より、管理職へ配慮申請了承の連絡と、入試当日の特別措置に関する確認がある。

(2)　各高等学校の特別措置

①配慮申請を受け、下記4事項が各高等学校の特別措置となる。

　ア．問題A3判拡大　イ．時間延長　ウ．別室対応　エ．問題読み上げ

②副申書には、医師の診療情報提供書、個別の教育支援計画・個別の指導計画を添付する。

(3)　各高等学校の特別措置および結果

	A3拡大	時間延長	別室対応	読み上げ	結　果
A私立高校	○	○	○	×	合格
その他 ①各教科25分の時間延長 ②受付時間を30分繰り上げ					
B私立高校	○	×	○	×	不合格
その他 ①全日程、通常どおり実施					
C公立高校	○	○	○	○	合格・入学
その他 ①すべての配慮申請を許可 ②各教科15分の時間延長 ③問題代読人として、特別支援教育コーディネーター（午前）、3学年主任（午後）が派遣 ④試験場内に試験監督・県教委指導主事・問題代読人が同席して実施（当日、別室にて県教委指導主事と打ち合わせ。読み上げに際しての指示があり、10分前に問題を渡される。その後、別室試験場へ移動し、試験監督・県教委指導主事・問題代読人が入室する）					

5．今後の方向と課題

(1)　今後の方向

①校種間、教育委員会、医療機関等との連携強化。

②教職員のインクルーシブ教育システム推進への意識向上。

③保護者・当事者への合理的配慮の理解。

④評価基準の作成について共通理解。

⑤マルチメディアデイジー教科書(読み書きがむずかしい児童・生徒向けの電子化された教科書。パソコンやタブレットの画面に通常の教科書と同じ内容のテキストと画像が映り、ハイライトされたテキスト部分が音声で読み上げられる)[2] 等の導入。

(2) **課題**

①関係機関との組織的・継続的な連携。

②評価基準の共通理解と保護者周知。

③当事者への自己肯定感の醸成。

④効果的な保護者との合意形成のあり方。

＊

　これまで、学校で判断する合理的配慮と、設置者が判断する基礎的環境整備について大まかに示してきた。また、全校体制として組織的な支援、教育委員会や大学等と連携した対応について紹介した。今回、本人・保護者・学校の合意形成の結果が、特別措置での入試と志望校合格につながった事例は、これからのインクルーシブ教育システム推進の一助となると確信している。今後、障がいのあるなしにかかわらず、どの生徒も進路選択で不利益が生じないよう、ひいては、自らの人生をたくましく切り拓いていく力を身につけられるような、校内支援体制づくりを進めていきたい。

〈注〉

[1] 製造・販売：株式会社コムフレンド。

[2] 公益財団法人日本障害者リハビリテーション協会による。

事例で理解する合理的配慮・基礎的環境整備

合理的配慮の提供における管理職の役割

新潟県上越市立飯小学校校長　栗岡　秀明

【事例】特別な支援を必要とする児童の増加とともに個々の教育的ニーズも複雑化・多様化している。

　学校としてさまざまな課題を的確に把握し、総合的に判断しながら必要な指導や適切な支援の実現に向けて校内体制を組むとともに、教職員以外の専門的なスタッフの協力など多様な人材を活用し実効的な体制を整えることは校長の責務と考える。

　しかし、経験のある教職員が限られていることや、学校に対する保護者の願いがさまざまであることなどから、学校は校内体制や保護者理解に不安を抱えているのが実情である。

　校長として、どのように教職員の協働性を発揮し、チームとしての学校力を高めるのか。合理的配慮の提供に向けて、組織的、計画的に推進する体制や研修等についてどのように取り組んでいくか、筆者の実践を通して管理職の役割について考えていきたい。

1. 学校の総合プロデューサーとしての校長の役割

　合理的配慮の提供には、教育内容・方法や支援体制、施設環境の整備等、市区町村や関係機関との連携が不可欠である。加えて、保護者と協力して支援する体制を整えるには、教職員間の確かな情報共有と保護者への事実に基づく説明が欠かせない。その際は、校長の総合的な判断力と指導力が求められる。校長は学校の教育活動の総合プロデューサーである。校長を中心とした機動力のある体制をどうつくるかが、校長にとって最も重要な課題である。

合理的配慮の提供

- 自校の児童の実態や個々のニーズを的確に把握し、学校として一貫した対応で**組織的、計画的に支援する体制をつくる。**
- すべての児童が安心して学校生活を送ることができる**さまざまな環境を整備する。**

教職員の理解	家庭との連携	中学校区の連携	関係機関との連携
研修・児童理解	保護者の理解	中学校区の取り組み	市　教　育　委　員　会
推　進　体　制	家　庭　教　育　支　援	進学・進路指導	福　祉　行　政　機　関
			医　療　等　専　門　機　関

2. 全教職員の共通理解からのスタート

保護者の学校への不安から相談はスタートする。そのため、学校と保護者との信頼と安心を原理原則に進めたい。

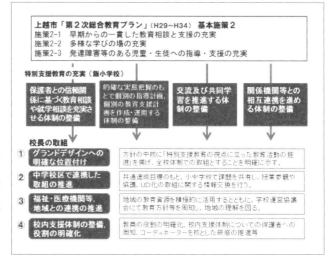

図1　特別支援教育充実のための取り組み

そこで市の施策を拠り所に学校の方針を定め、関係機関との「横」の連携、幼保中との「縦」の連携を担保する。特別支援教育の充実に向けた校長の取り組みは図1の4点で整理する。

「①グランドデザインへの位置付け」（作成・見直し）の際は、時間をかけて繰り返し教職員に協働実践の大切さを促す。さらにPTAや学校運営協議会で学校の取り組みを具体的に紹介し、保護者の理解や地域の相談支援ネットワークの活用が重要であることの周知に努めている。

3. 一人ひとりの教育的ニーズに応える学校づくり

(1) 校内支援体制の整備、役割の明確化

特別支援教育コーディネーターには多忙ななかで、多様な対応が求められている。校長が情報をより正確に把握し、特別支援教育コーディネーターが校長のもとでより安心して職務を遂行でき、教職員がより協働性を発揮できる組織をめざす。

そこで、専門性の高い教員Aをスーパーバイザーに、他の支援学級担任（B～E）を学年の特別支援教育コーディネーターとして、校長と教員Aを中心

に教員の役割を明確にする。

あわせて、教職員の研修と情報共有を進めるため「年間（学期）の流れ」と「週の流れ」を定める。研修や学年会、校内委員会を通じて一人の教職員の気づきを学年・学校全体で共有し、組織が迅速に機能できることをめざす（図2）。

図2　校内支援体制の整備、役割の明確化

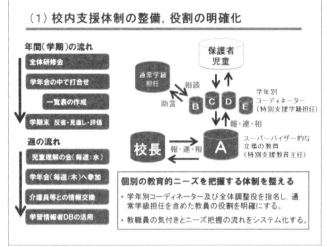

(2) 早期からの教育相談、保護者への理解の推進

　教育相談は特別支援教育コーディネーターを中心に進めるが、校長は自らの出番となる重要な局面を逃してはならない。その子の障害の状態や教育的ニーズを把握し、相談のなかで「校内の資源や体制をどのように提供できるか」を学校の状況から総合的に判断して伝える必要があるからである（図3）。

　さらに、「基礎的環境整備」に向けては、専

図3　早期からの教育相談、保護者への理解推進

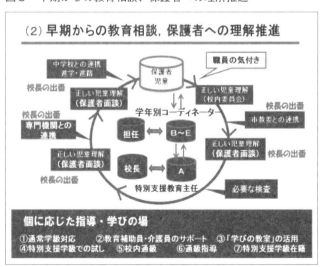

門機関と「どうつながり、どう支援を得ていくことができるか」など、校長が的確に判断し進めることが機関との積極的な連携を推進するうえで重要となる（図4）。

図4　福祉・医療機関等との連携

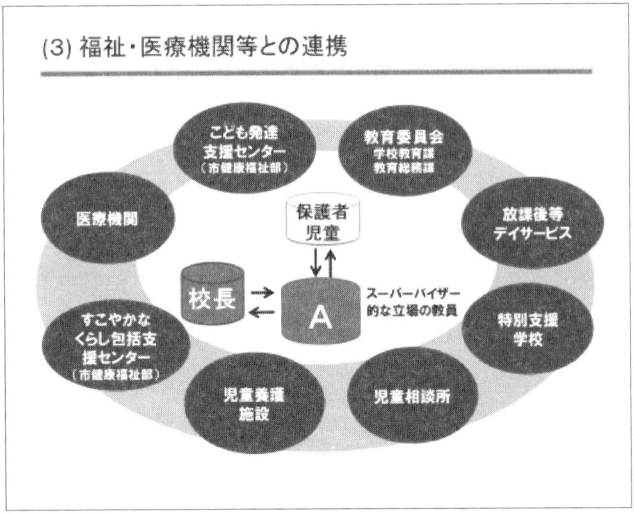

(3) 地域の相談支援ネットワーク活用推進

　学習と社会性の両面からその子の成長にとって大切なことを保護者と共に考え、今の環境でできる「合理的配慮」と、必要となる「基礎的環境整備」を明らかにする。軟骨無形成症で「補装具によっても歩行や筆記等日常生活における基本的な動作に軽度の困難」を抱えたＦさんの入学に際しては、保護者と「可能な限り自力での生活が送れるよう安全を確保し、一人でできることを増やし自信を育む」ことに向けて話し合い、必要な「基礎的環境整備」を進めた。教材・人的配置は学校教育課と、施設・設備は教育総務課と、福祉・医療機関との連携は市の子ども発達支援センター（健康福祉部）とつながることで支障なく進めることができた。

　具体的な支援策については、その後も継続して「今」と「将来的な見通し」を確かめ、定期的に保護者とサポートチームで評価・改善している（図5）。

4．「合理的配慮」の提供に向けて大切にしていること

　管理職として「合理的配慮」の提供に向けて努めていることを整理する。

(1) 教職員の正しい理解：辛さや困難さが周囲に気づかれず誤った理解や対応をされているかもしれない子どもがいることを常に自覚し、自身の指導

図5 合理的配慮提供の流れと内容

```
「合理的配慮」の提供までの流れ

┌──────────┬──────────┬──────────────┬──────┐
│ 正確な実態把握 │ 内容の検討 │ 内容の合意形成 │ 決 定 │
└──────────┴──────────┴──────────────┴──────┘
  - - - - - ┌────────────────────────────┐ - - - ▶
            │  保護者との就学相談、教育相談  │
            └────────────────────────────┘
```

| ・障害の実態
・教育的ニーズ
・学習や生活上の困難 | ・障壁解消の方法
・過度の負担の判断
・実現可能な配慮
・市教委との確認 | ・今、必要な配慮
・優先順位
・将来的な見通し | ・個別の教育支援計画に明記
・個別の指導計画での活用 |

事例：Fさんへの「合理的配慮」等 ※子ども発達支援センターと連携し整備

（学校が努める「合理的配慮」）
・健康や集中を維持する学習環境の確保
・本人に合わせた指導、交流・共同学習の推進
・移動等での職員の常時の見守り、状況に応じた補助、適宜の休憩
（家庭との連携）
・家庭による登下校の送迎、必要なときの付き添い
・身辺自立の課題等への家庭および放課後等デイサービスと連携した取り組み
（教育委員会による「基礎的環境整備」）
・介護員の配置等人的配置（学校教育課）
・身体に合った椅子や水飲み場・トイレ等、安全に配慮された設備（教育総務課）
（福祉機関等との連携推進）　※社会福祉法人　障害者支援室が調整
・サポートチームの編成：定例的な教育的ニーズの把握、支援方法・内容の検討

を見直す教職員一人ひとりの正しい理解があって実現可能となる。

(2) 共通理解・情報共有の徹底：その子に必要なことを「今」と「将来」で見つめ、「今」提供すべきことを教職員と保護者が共に考え実践することで信頼が確かになる。子どもは保護者の学校への信頼と安心の土俵で育ち、学校生活や社会への自信を獲得し成長していく。

(3) 専門機関との連携：子どもに寄り添い、その子がどのような環境でどう学ぶことが望ましいのかを考え、願いの実現のため「学校ができること」「設置者と進めること」「相談支援ネットワークを活用すること」を視点に、管理職が専門機関と積極的につながることが重要である。

> 事例で理解する合理的配慮・基礎的環境整備

肢体不自由のある子どもへの支援
——早期相談・早期要望・継続的な支援

埼玉県さいたま市立与野本町小学校長　矢田　明正

> **【事例】** Aさんは、低体重での出生、1歳半で検査し、脳室内に障害があると診断されている。保育園より本校に入学した。
>
> 　入学にあたり手足が不自由なため、学校生活を送る際、配慮が必要と思われるので、保護者と校長、教頭が面談を実施した。
>
> 　あわせて、保護者の了解をとり保育園での園生活の参観や保育士からの聞き取りを実施した。
>
> 　入学後のトイレの介助、体育の時間の補助、授業中の補助、移動の際の補助、給食の補助、清掃時の補助等についての保護者の願いを聴き、話し合い、学校ができること、できないことについて共通理解を図っていくための相談を実施し、対応した事例である。

1. 早期相談

　教育相談センターを通して、「肢体不自由のある保育園の年長の子どもがおり、通常の学級で学ぶことを希望している。保護者が早期の相談を希望しており、実現させてほしい」という連絡があった。校長としても子どもの実態や保護者の希望を把握し、場合によっては教育委員会へ基礎的環境整備を整えていただく要望を出す必要もあったので、快諾した。

　教育委員会への要望は、教育委員会での来年度の予算の確保もあるので1学期中にこのAさんの実態や具体的な備品等の資料を教育委員会に出すことを決めた。

　相談センターに対しては、特別支援学校の教育活動、指導体制、メリットとデメリット、通常の学級で学ぶことのメリット、デメリットを今後もていねいに説明していただくこと、学校見学は連絡いただければ、いつでも応じることなどを保護者に伝えるように働きかけた。

　また、校内で情報を共有するため会議等で相談の状況を伝達した。

2．保護者との相談による子ども理解

　入学する前年度の1学期中に、学校へ入学するAさんの支援への希望を把握する機会を設けた。ご両親と管理職が面談を実施し、生育歴や手足の状態、医療機関での支援の様子などの情報を収集した。その相談で、以下の希望があった。①移動の支援、②車椅子を使用する場合の移動支援、③着替えの支援、④給食の配膳、食事等の支援、⑤トイレの際の支援、⑥学習全般の配慮と支援、⑦机や椅子等での配慮、⑧校舎内外での配慮事項、⑨登下校時の配慮、⑩関係機関との連携等である。

　希望は理解したが、学校側の状況として、担任がそれらをすべて行うことは無理がある。課題として、①学級全体の把握も担任の仕事であり、他の子に何かあった場合は、その子を最優先で支援していく必要がある、②校舎の2階、3階に学級が配置された場合は移動のむずかしさが増す、③将来的に体が大きくなり体重等が増加した場合は担任一人での介助等はむずかしい、④同性（男・女）の教員を配置する必要があり、学年の配置によってはむずかしい場合がある、⑤現状の施設・設備では、円滑な校舎内の移動が困難である等々を説明した。

　ただ困難さだけを主張するのではなく、以下のことを実行していくことを提案した。①担任一人だけで支援することはむずかしいので、補助員を教育委員会に要望する、②施設・設備に関しては、本年度中に教育委員会へ要望を上げる、③学級配置等の配慮は、同じ学級の他の児童の気持ちも考慮しながら、できるだけ行う、④体に合わせた机や椅子の配慮については、教育委員会に肢体不自由の児童用の養護椅子や幅の広い養護机の用意をお願いする、⑤学習上のできる配慮、たとえば、図工の際のTT、簡単な授業のまとめのプリントの用意、担任に近い席の配慮等を案として出した。

　ただし、人や設備は教育委員会の予算がかかわってくることなので、実現できるかどうかは、現時点では約束できないことを確認した。

　実態については、教務主任、養護教諭、特別支援教育コーディネーターに情報提供を行い、それぞれの立場で現時点での疑問や配慮しなければならない事柄をまとめていくことを決めた。

3．教育委員会への早期要望と早期校内支援策

　エレベーターは過度の負担となると考えたが、基礎的環境整備として、教育委員会へ要望を1学期中に出し、以下の予算の確保をお願いした。①エレベーターの設置、②車椅子での登下校になるため、階段しかない個所についてのスロープ等の設置、③和式トイレしかない階は、該当の子どもが入る学級によって、少しずつでよいから、洋式トイレへの改造、④階段での移動に関しては、人の力では限界があるので、階段昇降機の設置、⑤肢体不自由の児童用の養護椅子や幅の広い養護机の用意、⑥担任一人では限界があるので、補助員の配置等を要望した。

　エレベーターはもちろんすぐには設置できないという返答であったが、階段昇降機は予算の確保の検討をすること、他の事項に関しては、実現できるように努力をしてくれるということであった。

　電話だけでなく、実際に教育委員会に足を運んで資料を用意して説明、相談を行ったことが功を奏した。

　Aさんを学校全体で支援するため、校内での早期支援対策を校内委員会で話し合い、学校でできそうなことを校内配慮事項として確認した。その結果、次のようなことを案として決めた。

　①入学後も保護者との相談を継続して、課題や支援策を改善していくこと、②まだ握力等が弱いので、机の上にビニールをはり、筆箱等の滑り止めにすること、③物の出し入れがスムーズにできないと考えるので、机の隣に子どもの座った姿勢に合わせた物置用の場（机）を用意すること、④学習活動を早め早めに計画して、保護者に伝え、配慮すべき事項を確認していくこと、⑤入学当初はAさんも不安があると思うので、可能ならば、保護者の方がしばらくは付き添っていただき、Aさんの不安を和らげるようにすることと学校側への支援に対する助言をいただくこと、⑥保護者の方と話し合い、具体的な場面で、本人に一人でやらせたいこと、支援をすべきことを共通理解し合っていく必要があること。

　学校でできる支援はどんなことがあるかを早めに考え、全教職員で共通理解していくことが大切である。

4．入学後の継続的な支援

　入学にあたって、以下のことに留意した。①面倒見のよい人物を担任として充てる、②相談センターや保育園と連携を取り、保育の指導計画、個別の教育支援計画等を取り寄せ、保護者ととともに個別の指導計画、個別の教育支援計画を作成する、③入学前にＡさんの様子を保育園に参観に行き、入学前の実態を把握する、④保護者と入学前の面談を行い、最終確認をする。

　確認した事項は、車椅子の保管場所、学習の補助、給食時の支援、トイレの定時排泄、清掃時間は床の清掃を行うこと、体育時の着替えの仕方、歩行補助具を使用すること、水泳時のプール用の車椅子とゴムマットを使用しての活動、補助の仕方等を細部にわたり確認した。

　教育委員会で設置してくれた洋式トイレ、スロープの使用の仕方、階段昇降機の使用の仕方（教員が作動、止める場所、作動鍵の保管等）、配置してくれた補助員の役割などを保護者および職員で共通理解を図った。

　ありがたいことに、Ａさんの不安を取り除くことや担任との連携のため、保護者が付き添いを申し出てくれ、支援に大きな効果があった。

　また、肢体不自由特別支援学校の特別支援教育コーディネーターと連携をとり、学期に１回、トイレの介助の仕方、車椅子の補助の仕方、補助員の補助の仕方、体育時の参加の仕方、図工時の道具の補助、補助具等を紹介、助言の機会を設けている。

　保護者とは登下校の際、日常の情報交換、教育相談、学期末には管理職と保護者、担任、養護教諭、特別支援教育コーディネーターとの協議会を実施し、年間の反省と次年度の確認を行ってきている。

　早期の相談、早期の教育委員会への要望、校内での共通理解を図ったことが円滑な支援につながった。また、合理的な配慮というかしこまった意識ではなく、できることは何かを保護者と共に学校全体で考えたことがよかった。

　基礎的環境整備に関しては、早期要望が教育委員会および学校にとってもよい結果につながることを改めて感じている。

　学校全体を一つの目標（子ども支援）に向かって、意識づけを図っていくこと、一人ひとりを大切にできる教員の育成等が管理職の大きな役目である。

事例で理解する合理的配慮・基礎的環境整備

校長のリーダーシップで構築する
インクルーシブ教育システム

埼玉県さいたま市立大宮南中学校長　永妻　恒男

【事例】本校には、中学校では全国的にも数少なく、県内では中学校2校のみの難聴・言語障害通級指導教室「ことばの教室」が設置されている。また、平成29年度には特別支援学級（知的）が1学級設置された。本校では、これらの教育環境を最大限に活用するとともに、ことばの教室の担当教員を特別支援教育コーディネーターに指名し、以下に示す生徒への合理的配慮等のきめ細かい指導、および教職員の指導力向上に努めている。

①難聴生徒への合理的配慮

　要約筆記、文字テロップ、FMマイクの使用、等。

②発達障害があると思われる生徒への合理的配慮

　スクールアシスタントの配置、個別指導、特別支援学級の弾力的運用、テスト問題のユニバーサルデザイン化、等。

1. 求められる校長のリーダーシップ

　平成19年に特別支援教育がスタートして10年を経て、各学校における特別支援教育の体制整備は大きく進展してきた。また、インクルーシブ教育システム構築への動きとユニバーサルデザインの視点を踏まえた指導の改善、さらには、障害者差別解消法で定められた個人に必要な合理的配慮の提供等、今では特別支援教育の推進は学校教育における大きな課題であり、学校改革の柱にもなっている。これらの課題の解決に向けて、まさに今、校長の明確なビジョンとリーダーシップが期待されている。

　本校では今年度、特別支援学級が新設されることになり、年度当初に校長として、次の内容を柱とした本校の特別支援教育の推進方針と特別支援学級の設置方針を教職員に示した。

①本校が長年にわたって培った難聴生徒への合理的配慮を発展・充実する。

②障害のある生徒と障害のない生徒が共に学ぶ機会を積極的に進める観点から、交流学級を定め、交流及び共同学習を推進する。

③通常学級の配慮を要する生徒に対して合理的配慮を行うととともに、個別の教育支援計画、個別の指導計画を作成し指導にあたる。

④通常学級の教員は、特別支援学級の授業も担当する。

⑤特別支援学級担任は、通常学級の授業も担当する。

⑥特別支援学級を多様な学びの場の一つとして位置づけ弾力的運用を行う。

⑦特別支援学級の実践を生徒・保護者に広く周知し、就学相談を積極的に進める。

　これらは、従前より設置されている難聴・言語障害通級指導教室に加え、特別支援学級が設置されたことを契機にして、多様な学びの場を設けるとともに子どもや教員が行き交う柔軟な仕組みを校内に構築し、本校ならではのインクルーシブ教育を推進することをめざしたものである。

2．校内組織の連携強化

　各学校において、生徒指導、教育相談、特別支援教育等の委員会で協議される子どもの多くは共通している場合が多い。これは、学習面や行動面の課題が発達の偏りや特徴に由来するケースが少なからずあるからである。

　そこで、上記各組織に管理職、特別支援教育コーディネーター（CO）、スクールカウンセラー（SC）等を加え、特別支援教育の視点からの協議を行うなど、子どもの指導にかかわる校内組織を結びつけることが大切である。

　本校の場合は、生徒指導委員会、教育相談委員会、特別支援教育校内委員会の構成は次のとおりで、会議は月1〜3回、時間割のなかで実施している。

校長、教頭、CO、SC、スクールソーシャルワーカー、各学年担当1名ずつ、養護教諭、さわやか相談員、スクールアシスタント2名、計12名

　とくに、特別支援教育校内委員会では、生徒の状況の把握、発達検査の結果分析、個別の指導計画をもとにした具体的な指導・支援方法の検討、卒業後を見通した今後の指導方針の検討、保護者との連携の方策、保護者支援、医療等関係機関とのかかわりなどについて協議している。

3．本校における合理的配慮の取り組み

(1) 聴覚障害のある生徒への合理的配慮

①要約筆記による情報保障

写真1

　本校では、聴覚障害のある生徒への情報保障のために、儀式や朝会などの集会活動において要約筆記を行っている（**写真1**）。この活動は、生徒の委員会活動として位置づけており、スクリーンへの文字提示も生徒が行っている。また、この要約筆記は視覚優位の生徒への支援からも効果的であり、ユニバーサルデザインともなっている。

　さらに、文字提示用のスクリーンについては、基礎的環境整備の観点から、市教委への設置依頼も考えたが、生徒・保護者・地域の障害理解への意識づけと特別支援教育啓発という観点を重視し、3年生の卒業記念品として設置していただくこととした。

②定期テストにおける合理的配慮

　聴覚障害のある生徒に対して、定期テストの際、英語のリスニングテストにおいて英文の読み上げやCDやテロップによる提示（**写真2**）など、その生徒の状態に応じた合理的配慮を行っている。

③その他の合理的配慮

　教室の授業におけるFMマイクの使用や座席の配慮、正面から話しかけるなど、普段の学校生活においてもさまざまな配慮を行っている。また毎年、中1の生徒に対して、聴覚障害への理解と難聴生徒への適切な対応をねらいとして、ことばの教室担当による難聴理解授業を実施している。

(2) 発達障害等があると思われる生徒への合理的配慮

①スクールアシスタント（SA）の配置と活用

本校には、教員免許を持つ非常勤職員であるSAが３名配置されており、そのうち２名が週42時間、授業における該当生徒の学習支援、別室での個別指導、特別支援学級の弾力的運用の補助を行っている。実施にあたっては、校内委員会で協議し、本人および保護者と合意形成を図り、すべての生徒に個別の指導計画を作成して取り組んでいる。

②定期テスト問題の工夫

　読み書きに困難さのある生徒への合理的配慮から、下の観点でテスト問題の形式を統一している。これは、配慮を要する生徒のみならず、すべての生徒にとって分かりやすいテスト問題のユニバーサルデザイン化の取り組みでもある。

・用紙はA3を使用する
・文字は12ポイントとする
・明朝体は使用しない
・余白と行間を広くとる

４．合理的配慮実施上の留意点

　本校では以上のように、校内資源を最大限活用して配慮を要する生徒の支援にあたっているが、人、時間、場所等の関係から、学校ができる合理的配慮にも限界はある。そこで、重要となるのが対話と合意である。本人・保護者の願いを受け止めながらも、学校が可能な合理的配慮の範囲を示し、建設的な対話を進め、合意形成を図りながら進めていくことが望ましい。

　さらに、合理的配慮を進めるうえで重要なのは、それが本当に本人にとって必要な合理的配慮かどうかを見極める視点である。子どもたちの今後を見据えたとき、将来にわたって、学校と同様の合理的配慮が得られるわけではない。今後直面するであろう不便さや生活しにくさを、自らの力で改善しようとする意志と力を育てることがきわめて大切である。そのためには、合理的配慮の内容や程度を、発達段階や本人の意思に応じて柔軟に見直し、その時点で最も必要と思われる合理的配慮に絞って提供することが重要である。

　本校の場合、難聴生徒への合理的配慮として、授業の際のノートテイクを求められるケースがある。本当に必要ならば、人員を配置するという基礎的環境整備を行わなければならないが、ノートテイクがなくても授業内容を知る努力を本人がどこまでできているのか、しようとしているのか、それらを見定めたうえで、本人が最も求める合理的配慮を提供できるよう努めている。

> 事例で理解する合理的配慮・基礎的環境整備

実行機能の課題や弱さのある子ども

栃木県鹿沼市立北小学校長　福田　宜男

> 【事例】小学校１年生男子Ａさん。１学期のケース会議の資料を以下に
> あげる（加工して一部のみ記載）。
> 〈うまくいっているところ〉
> 読むこと：50音のひらがなを読める。
> 書くこと：形はあまり整っていないが書くことができる。
> 絵を描くことや工作が好き。好きなことには集中できる。
> １対１では学習に20分程度取り組める。
> 〈うまくいっていないところ〉
> 対人関係：友だちとのトラブル（悪口・暴言、暴力）。
> 多動性・衝動性：離席・離室、自分の思いどおりにならないと泣く。
> 整理整頓や集団行動・整列が苦手。無理に行動を促すと逃げる。自分の
> 好きなことに没頭すると、そちらに集中してしまい、時間が守れない。

１．学校で行う合理的配慮を判断する前に

　課題を把握したうえで、組織として対応することや、ていねいな合意形成に努めることになった。

①本人・保護者からの合理的配慮提供に関する申し出内容の確認

　申し出がない事例であったが、障害のある児童が十分な教育を受けられるかどうかの視点から判断し、自主的に取り組んだ。

②障害の状態や学校生活上の課題を把握

　どのような障害特性があり、どの場面で困難があるのかを整理した。

③必要な合理的配慮を考える

　管理職を交えた保護者との面談後、担任だけで考えるのはなく、ケース会議や校内委員会などを活用し、管理職、特別支援教育コーディネーターや学年主任なども一緒に、組織として考え、情報を共有した。

④本人・保護者とのていねいな合意形成を行う

要望をそのまま実施することがむずかしい場合でも、代替手段等を提案するなど、ていねいな合意形成に努め、仮の合理的配慮の方法や程度などを決めた。

2. 学校で行うよりよい合理的配慮を判断・提供するために

⑴ 教育センター教育相談室等との連携
　教育支援の内容や方法を検討する際に、管理職は、学校での質的情報だけでなく、知能検査等による量的情報が必要になる事例か判断した。
①教育相談室担当者による行動観察
　事例のAさんの場合、実行機能の課題や弱さから、通級による指導または特別支援学級での指導の必要性が確認できた。そこで、管理職は、教育センター等の教育相談室担当者による行動観察を依頼し、行動観察後にその担当者とのコンサルテーションが行われた。
②教育相談室での相談
　保護者とは、学校や家庭での状況や生育歴などを相談し、Aさんとは、プレイや知能検査を実施した。
③教育相談室担当者とのケースカンファレンス
　保護者から得られた情報や知能検査からの量的情報から支援の内容や方法を教示していただいた。また、医療機関との連携の有無を確認した。
④医療機関との連携
　生育歴や保育歴、学校での質的情報や量的情報等からの診断や投薬の有無を判断することにもつながった。

⑵ 学校で行うよりよい合理的配慮の提供ために
　保護者の思いを尊重しつつ、教育センター教育相談室等と連携し、よりよい合理的配慮を確認し、提供することにした。

3. 学校で行う合理的配慮の範疇

〈事例の支援状況から行った合理的配慮〉
①学習上または生活上の困難を改善・克服するための配慮
　自分を客観視する、物品の管理方法の工夫、メモの使用など行動を最後ま

でやり遂げることが困難な場合が多く、途中で忘れないように工夫したり、別の方法で補ったりするための指導を行った。

②学習内容の変更・調整

学習内容を分割して適切な量にするなど、注意の集中を持続することが苦手であることを考慮した学習内容の変更・調整を行った。

③情報・コミュニケーションおよび教材の配慮

聞き逃しや見逃し、書類の紛失等が多いので、掲示物の整理整頓・精選、目を合わせての指示、メモ等の視覚情報の活用などにより、伝達する情報を整理して提供した。

④学習機会や体験の確保

好きなものと関連づけるなど興味・関心が持てるように学習活動の導入を工夫した。

4．設置者が判断する基礎的環境整備の範疇

⑴　事例の支援状況から行った基礎的環境整備

①ネットワークの形成・連続性のある学びの場の活用

集団生活における困難さや対人関係の課題、実行機能の課題や弱さに焦点を当てて通級を活用した。校内にあるため、校内支援の一環で活用することができた。

②専門性のある指導体制の確保

教育相談室相談員に協力いただき、通常の学級での配慮、通級の内容について助言を受けた。

③個別の教育支援計画や個別の指導計画の作成等による指導

年度途中からの通級や通常の学級における個別の教育支援計画や個別の指導計画を作成し、管理職の面談などで保護者と情報を共有しながら、PDCAサイクルに基づき、評価・改善に努めた。

④専門性のある教員、支援員等の人的配慮

他学年担当の支援員に協力を依頼し、通常の学級で声かけや支援を行った。校内の人事や対応になり、合理的配慮の範疇になると思われる。

⑵　管理職のかかわり

図　合理的配慮の範疇・基礎的環境整備の範疇

	合理的配慮の範疇	基礎的環境整備の範疇
通常の学級	右記に基づいた学習上または生活上の配慮 支援員等の人的配慮 情報・コミュニケーションおよび教材の配慮等	個別の教育支援計画や個別の指導計画の作成 専門性のある指導体制の確保等
通級による指導	右記に基づいた学習上または生活上の困難を改善・克服するための配慮 学習内容の変更・調整 情報・コミュニケーションおよび教材の配慮等	ネットワークの形成・連続性のある学びの場の活用（通級指導） 個別の教育支援計画や個別の指導計画の作成 専門性のある指導体制の確保等

　管理職は、配慮の範疇なのか仮の合理的配慮かどうか、検討する必要が生じる事例が数多く見られる。本事例もその一つであり、関係機関との連携によって、よりよい合理的配慮の提供が生じる。本校に有する基礎的環境整備の状況を踏まえながら、指導や支援を行うことになった。

5．学校で行う合理的配慮の範疇と設置者が判断する基礎的環境整備の範疇

　図のように、基礎的環境整備の範疇に基づいて、各校での合理的配慮があり、その範疇によって、合理的配慮を提供することになった。

＊

　個別の教育支援計画や個別の指導計画の作成は、設置者の基礎的環境整備の範疇にあたるが、その計画に基づいて指導することは、合理的配慮にあたる。本事例のように、配慮から合理的配慮に至るためには、関係機関との連携が必要不可欠になる。そのため、管理職は自校の物的・人的環境および基礎的環境整備の状況を勘案し、総合的な判断によって、よりよい合理的配慮を提供していきたい。

事例で理解する合理的配慮・基礎的環境整備

主に学習（言語）に課題や弱さのある子ども

栃木県鹿沼市立北小学校長　福田　宜男

【事例】小学校１年生男子Ａさん。引き継ぎ情報シート資料を以下にあげる（加工して一部のみ記載）。

〈児童について〉

○支援窓口関連機関

医療機関：○○病院　療育機関：○○園　相談機関：○○相談室

診断名：「言語発達遅滞・構音障害」

○生活の様子

発達について：語彙は年齢相応の力を持っているが、文章でわかりやすく表出することはむずかしい。発音は不明瞭で、単音でもサ行がタ行になってしまう。会話では、サ行以外でも発音の置換が見られるため、聞き取れないことがある。

対人関係：気持ちの表出が苦手。嫌なことがあっても本児からの表出はなく、身体症状として表れることがある。

〈保護者の考え〉

○本児の発音について心配しており、言葉についての支援を受けたい。

○発音の不明瞭さ（置換）は、他児からいじられないか心配。

１．学校で行う合理的配慮を判断する手順や内容

⑴ 情報シートに基づく関係機関との連携

上記の事例の場合、特別支援教育コーディネーターと関係機関との連携によって、学校での合理的配慮を判断することになった。早期療育によって、知的能力は伸び、年齢相応よりやや高い状況である。視覚情報に引っ張られてしまい、勘違いや早とちりが予想されるため、一つひとつ確認したうえで行動を促したり、具体的に説明したりする方法の提案があった。

⑵ 管理職と特別支援教育コーディネーター等との相談

就学前から医療機関での診断と療育を受け、また、療育機関での療育を受

けていた。保護者は、「Aの発音について心配しており、言葉についての支援を受けたい」と考えており、学校での合理的配慮を検討することになった。通級による指導を実施するためには、指導を行う時間が確保できるか、担当者の専門性があるかなどから検討した。特別支援教育コーディネーターは通級担当者であり、その一人は以前にことばの教室担当者であったため、専門性を確保できることになった。週あたりの通級時間は、他児の状況や空き時間を考慮して1時間を設定することとした。

(3) 保護者との面談

保護者と特別支援教育コーディネーターとの面談に管理職も出席して行われた。保護者に対して関心をもち、保護者の価値観を尊重することを心がけた。具体的には、通級による指導を受けたいことや、通常学級で他児からいじられないように配慮してほしいこと等であった。学校での合理的配慮を通級による指導を週に1時間行うようにしていくことで、保護者の不安を軽減していくこととした。

2. 学校で行う合理的配慮の範疇

(1) 事例の支援状況から行った合理的配慮

①学習上または生活上の困難を改善・克服するための配慮

話すことに自信をもち積極的に学習等に取り組むことができるようにするための発音の指導を行った（通級）。

②学習内容の変更・調整

発音のしにくさ等を考慮した学習内容の変更・調整を行った。具体的には、教科書の音読における個別的な指導、書くことによる代替、構音指導を意識した教科指導を行った（通級）。

③情報・コミュニケーションおよび教材の配慮

発音が不明瞭な場合には、代替手段によるコミュニケーションを行った。具体的には、表記文字やICT機器の活用を併用しながら指導を行った（通級）。

④学習機会や体験の確保

発音等の不明瞭さによる自信の喪失を軽減するために、個別指導の時間等を確保し、音読の発音等の指導を行った（通級）。

⑤心理面・健康面の配慮

　絵カードを見てその状況をつかみ、どうか考えたり、今困っているや学校での様子などを話したりする時間を設定した。担当者と多くの話ができ、心理的な不安や困りごとはとくに心配することはなかった（通級）。

(2)　**管理職のかかわり**

　実施している合理的配慮が適切であるかどうかを、担当者との情報交換や指導記録等によって確認し、よりよいものにすることが必要である。

3．設置者が判断する基礎的環境整備の範疇

(1)　事例の支援状況から行った基礎的環境整備

①ネットワークの形成・連続性のある学びの場の活用

　発音の不明瞭さの改善・克服や、生活面でのスキルを高め、言語表現できるようコミュニケーションの課題や弱さに焦点を当てて通級を活用した。校内にあるため、校内支援の一環で活用することができた。

②専門性のある指導体制の確保

　教育相談室相談員や病院のST（言語聴覚士）に協力いただき、通常の学級での配慮、通級の内容について助言を受けた。

③個別の教育支援計画や個別の指導計画の作成等による指導

　年度途中からの通級や通常の学級における個別の教育支援計画や個別の指導計画を作成し、管理職の面談などで保護者と情報を共有しながら、PDCAサイクルに基づき、評価・改善に努めた。

④専門性のある教員、支援員等の人的配慮

　言語障害に対する専門性のある教員が本校に在籍していたため、校内の人事や対応によって行うことができるため、合理的な配慮の範疇になると思われる。

(2)　**管理職のかかわり**

　管理職は、合理的配慮の範疇なのかどうか、検討する必要が生じる事例が数多く見られる。本事例もその一つであるが、とくに就学前に相談機関や医療機関、療育機関との連携の有無が合理的配慮を行うかどうかの判断に大きく関与している。とくに通級指導教室を設置した学校では、基礎的環境整備

図　合理的配慮の範疇・基礎的環境整備の範疇

	合理的配慮の範疇	基礎的環境整備の範疇
通常の学級	右記に基づいた学習上または生活上の配慮 支援員等の人的配慮 情報・コミュニケーションおよび教材の配慮等	個別の教育支援計画や個別の指導計画の作成
通級による指導	右記に基づいた学習上または生活上の困難を改善・克服するための配慮 学習内容の変更・調整 情報・コミュニケーションおよび教材の配慮等	ネットワークの形成・連続性のある学びの場の活用（通級指導） 個別の教育支援計画や個別の指導計画の作成

の状況を踏まえながら、指導や支援にあたることになる。

4．学校で行う合理的配慮の範疇と設置者が判断する基礎的環境整備の範疇

　図のように、基礎的環境整備の範疇に基づいて、各校での合理的配慮があり、その範疇によって、合理的配慮を提供することになった。

＊

　個別の教育支援計画や個別の指導計画の作成は、設置者の基礎的環境整備の範疇にあたるが、その計画に基づいて合理的配慮を行ううえでは、構音障害等により発音が不明瞭なためスピーチについての配慮が必要不可欠になる。また、本事例のような言語（構音障害）に課題がある場合、専門性のある教員の有無は、設置者の基礎的環境整備の範疇にあたる。校外通級という支援も当然あるが、校内で整備されていると、合理的配慮ができやすくなる。管理職は、自校の物的・人的環境のなかで総合的な判断によって、合理的配慮を実施したい。

§4

事例で理解する
支援の検証とアフターケア

事例で理解する支援の検証とアフターケア

管理職としての関係調整力と
具体的な「つなぐ支援」の実際

佐賀県伊万里市立滝野中学校教頭 **中尾 恵子**

　これから紹介する事例は、私が以前勤務していた教育センターでのケースである。子どもの学校復帰への働き掛けやそれに向けてのステップアップを図るためには、学校現場の先生方の主体的な理解と協力、外部専門関係機関との連携はもとより、管理職の理解と俯瞰的なマネジメントは不可欠であった。なお、事例として取りあげているケースについては、個人の特定を避けるために大幅な修正を加えている。

【事例】小学校から中学校へつなぐ支援の実際（教育センターでのケース）。

(1)　対象：Ａさん（小学校４年生）

(2)　主訴：不登校

(3)　ケースの概要

①保護者（母親）についての情報

○離婚を機に、Ａさんを連れて別居する。

○実家と不仲で、頼ることができない。

○就職するが、長続きしない。

②Ａさんについての情報

○小学校２年生からほとんど登校していない。

○未経験や未学習の部分が多く、幼稚である。

○運動にはぎこちなさが見られ、手先は不器用である。

○集団参加は消極的で、慣れない場面では不安が高くなって固まる。

③Ａさんに対する学力・学習面での支援の目標

○将来の社会生活に必要な読み書きや、計算ができるようにする。

④Ａさんに対する行動・社会面での目標

○身辺自立ができるようにする。

○自分一人で移動することができる手段として、公共交通機関の利用ができるようにする。

1．支援内容と経緯

　Aさんの在籍学校からの依頼で、相談を開始する。Aさんの学校復帰のための手立てとして、学校適応指導教室（教育センターに併設）を利用することと保護者の生活支援の両面が必要であると判断し、その旨を校長に伝え、学校を通じて福祉面での支援も依頼した。

　これまでの生活で、Aさんは集団で活動する体験や保護者以外の者とかかわることが少なかった。そこで、相談担当者や学校適応指導教室指導員などの大人とのかかわりから、同年代の子どもへのかかわりを段階的に増やすようにした。

　定期的な保護者との相談での内容や、Aさんの学校適応指導教室での様子については、随時学校に連絡して情報の共有を図った。

　書字に対する苦手さが強いため、学習導入時には学習用アプリやアニメのキャラクターなどを使って、書き取りの学習に取り組ませた。

　Aさんの自力登校のことを考えて、自分一人で移動できる手段の練習も並行して行った。

　Aさんの学校適応指導教室での生活も安定し、再登校に関しての話ができるようになったところで、保護者の就労や生活面での支援を行っていた福祉課を交えて、学校主催による支援会議が実施された。支援会議は、保護者と担任、管理職、生徒指導担当教員、養護教諭、福祉課、相談担当者、学校適応指導教室指導員で構成し、それぞれの支援内容の情報共有と支援の方向性を確認した。この会議は、Aさんが小学校を卒業するまで、各学期1回程度実施した。

　小学校での最後の支援会議のときに、小学校長に対して、事前にAさんが進学する中学校長とAさんと保護者が顔を合わせる機会をつくってほしいことや入学式の会場の下見ができるように依頼した。

　保護者の経済面での安定は見られるようになったが、Aさんの登校には心配な面もあり、中学校進学後も教育センターでの相談は継続された。また、各学期1回程度の支援会議は、中学校でも継続して行われた。

2．ケースを振り返って

　教育センターでの相談のなかで多く聞かれる内容の一つは、進級や進学に関するものである。保護者の「支援の変化」に対する不安は、学校側が思う以上に大きい。支援の内容や方法に変化は付きものであるが、確実に引き継ぎが行われるかどうかは、管理職の対応や動きによって大きく左右されると考える。このケースを振り返り、管理職の立場で大切にしたいと考えることは、以下の3点である。

⑴　校内のチームワークづくり

　Aさんに対する支援について、校内での役割分担と情報共有ができていたことが、Aさんの登校の再開へとつながった。また、支援会議を開催する前には参加者に協議の柱が示されたことで、支援方針への協力とスムーズな協議を行うことができた。この小さな配慮の積み重ねが、支援者同士の信頼関係につながり、支援の厚みが増すことにつながった。管理職に対しては、このようなチームワークを校内に構築するためのリーダーシップをとることが期待される。

⑵　外部専門機関とのネットワークづくり

　支援者がそれぞれの顔を知ることで安心感や連帯感が生まれ、定期的に情報共有をできることで、具体的な支援目標と支援内容が絞り込まれやすくなった。ネットワークができあがると、その後の支援も効果的に進んでいった。外部機関との連携においては、管理職が窓口になることも多い。そのことで、管理職自身がケースの特徴に応じたネットワークのデザイン図を考えることができ、他のケースにも応用することにつながると考える。

⑶　管理職のフットワーク

　支援会議で具体的な役割分担と支援内容が絞り込まれることで、関係者の動きが明確化される。とくに、管理職の立場を生かして、小学校から中学校への移行支援が確実に行われたことは、教職員の対応への意識化や保護者の安心感にもつながった。管理職が率先して行動力（フットワーク）を示すことは、学校側の支援への関心として伝わるだけでなく、辛い思いをしている子どもや保護者への大きな支えともなり、保護者からの協力も得られやすく

なると考える。

3．勤務校での取り組みについて

　現在私が勤務しているのは、少人数規模の小中一貫教育校である。気になる子どもの支援については、これまでの私の経験を勤務校の現状に合わせて、以下の内容に取り組んだ。

(1)　情報共有の場を設定する

　小中一貫校の特性を生かして、赴任するまでは設定されていなかった気になる子どもに関する情報交換の時間を週1回（15分程度）設けた。気になる様子についてのエピソードを拾いながら、先生方にはすぐにできそうな支援から優先順位をつけてもらい、実践に結びつきやすい形を提案した。

(2)　合理的配慮を提供する

　合理的配慮についての具体的なイメージをもちやすいように、情報共有の場を利用して、具体的な支援の例をあげて説明した。支援内容のポイントは、その子どもの二つ先のライフステージ（中学生であれば、高校の先にある就労や大学生活）を見据えた姿をイメージして、「どのような力をつけさせたいか」について常に振り返りながら、日常的にできる目標を精選し、スモールステップにして具体的に提示した。

(3)　記録を保存する

　よりよい支援が継続されるために、具体的な支援内容や子どもの様子について記録を残すことは大切である。担任に負担が掛からない程度の量で、確実に記録するとともに引き継ぎに活用するため、校内LANを活用した。この際、個人情報を扱うという点に十分配慮し、パスワードを設定するなどセキュリティ面での対策が必要である。

＊

　教育センターでのケースや勤務校での取り組みで考えたことは、管理職がキーパーソンとしての関係調整力を発揮させ、組織として対応することの大切さである。支援は連続してつないでいくものであり、その視点をもちながら、今後も取り組んでいきたい。

事例で理解する支援の検証とアフターケア

発達障がい者支援センターを活用した事例

発達障がい者支援センターあおぞらセンター長　公文　眞由美

【事例】小学校６年生男子Ａさん（通常学級在籍、未診断）。低学年から学習の遅れや友だち関係のトラブルが多く、学校は外部機関にも相談した。こだわりが強いことから本人の意思を尊重した支援が必要だと言われたが、具体的な手立てへのアドバイスがなく行動改善がむずかしかった。そこで、Ａさんの実態を知り適切な支援につなげたい、教師のかかわり方についてもアドバイスがほしい、保護者にも相談を勧めたいとの校長の依頼を受けて支援を行った。保護者と学校が子どもの実態やそれぞれの場でのかかわり方の課題や工夫を共有しながら支援を行い、中学校にも引き継いだ事例である。

なお、個人情報保護の観点から、詳細は一部修正を加えている。

発達障がい者支援センター（以下センターと略す）は、発達障がいの診断の有無にかかわらず、本人や保護者の相談だけではなく支援機関へのサポートも行っている。筆者は教員として通級指導教室を担当後、現職について２年目である。

1．相談の経緯と校長からの依頼

　４月下旬、センターに突然の訪問者があった。それがＡさんの通う学校の校長との出会いだった。給食当番だったＡさんがエプロンを着用していないことを級友に指摘され、怒って中身が入った食缶に唾を吐いたので指導したが、「自分で決める」と同じ言葉を繰り返すだけで、どうしたらよいかわからない様子だったという。低学年からトラブルが多く、学習の遅れも顕著なＡさんに対し、これまでも他機関に相談したが、改善につながらない。そこで、知人からセンターを紹介されたそうだ。相談の内容は以下の点だった。
○保護者を相談につなげたい。
○夏休みに職員研修をしてほしい。
○中学校に向けて支援を検討したい。今年度からでも特別支援学級も視野に

入れて検討したい。学校での支援について具体的なアドバイスがほしい。

2. 保護者との連携

(1) 校長が保護者にセンターへの相談を勧める

校長が給食当番のできごとについて説明すると、以前Aさんに病院に行こうと促したことがあったが、本人が拒否したことが分かった。今回のできごとをきっかけに、将来のことについてもアドバイスをしてもらったらどうかと熱心に校長が働きかけ、2ヵ月後センターへの相談となった。

(2) センターで家庭での様子を聞き、問題点を整理する

相談には、両親で来られた。Aさんは日常の生活習慣が身につくまでに時間はかかるが、いったん定着すると律儀に守るため、学習面以外は特段困っていることがないというのが保護者の認識だった。しかし、相談を重ねるなかで、初めての場面の苦手さやこだわりがあり、ささいなことで友だちとトラブルになることなどが分かった。父親は以前から発達障がいを疑い、独自にサポートをされていたそうだが、語彙が少なく言葉でのやり取りが苦手なAさんにとってはむずかしい様子がうかがえた。

3. 発達障がいについての職員研修

研修は、発達障がいについての基本的な理解だけではなく、演習を通して行動の見方や考えを交流し合い、全職員の共通理解を深めたいと考えた。そこで、鳥取大学の井上雅彦先生考案のストラテジーシートを用いて、問題行動の分析の仕方や対応の工夫について研修を行った。

4. 学校での取り組みとセンターでのアドバイス

(1) 少人数担当教員（以下少人数担当と略す）による取り出し学習

学級担任、少人数担当とも若いが熱心な先生が配置され、授業中教科書やノートも出さずじっとしているAさんに対して、校長の柔軟な配慮で毎日2時間の取り出し学習が行われていた。簡単な計算や漢字の読みを中心とした学習の保障と、コミュニケーションが苦手なAさんと話をして信頼関係を築いてほしいというのが校長の意図だった。少人数担当は担任と連携しながら、

トラブルの際には話をじっくり聞いた。エプロン着用のトラブルでは、不器用さからひもが結べなかったことが原因だと分かると、練習してうまく結べるようにした。少しずつ関係が築けるようになると、Ａさんにとって感情のコントロールや他児の気持ちを考えること、結果を予測した行動をとることなどがむずかしいことが分かってきた。

(2) センターによる担任や少人数担当へのアドバイス

学校ではどんなときにどのような問題行動が起きるのか、校長に依頼して記録してもらい、それをもとに話し合った。Ａさんは友だちとかかわるときに筆入れや鉛筆などをふざけて取っていた。度重なるこの行為に他児からの不満が大きくなっていたので、担任は友だちのいいところを探す取り組みを始めていた。また、少人数担当からは、カードのテーマに沿ってＡさんと会話の練習をしていることや、簡単な計算はできるが文章の読みは2年生程度で、書きは極端に苦手な様子が伝えられた。

これらの状況に対して行ったアドバイスは、主に次の2点である。

○トラブルの際には、棒人間や吹き出しを書いて、何が問題だったのか、どうすればよかったのか話し合い練習をすること。

○感情爆発に至るまでの段階を火山モデルで示し、言葉や心と体の状況を色分けして示す。段階ごとに具体的な気持ちの切り替え方について話し合い、練習をすること。

これを受けて、少人数担当はさっそくワークシートを作成し取り組んだ。自尊感情の向上のため、当たり前にできていることからほめることを積み重ねた。

(3) 保護者、学校（担任、少人数担当）と共通の場でのアドバイス

校長は、保護者が継続してセンターへ相談するよう働きかけ、その際は担任らも同行するように配慮した。学校や家庭での近況報告の後、課題については具体的な支援の仕方をその都度話し合った。次は、その一例である。

学校で取り組んでいる四つの約束、①学習に必要な教科書・ノート・筆記具を出す、②先生との学習をがんばる、③掃除や給食当番をする、④友だちに手を出さない、について検討した。学習用具の準備はできるようになり、②についても学習のスケジュールをホワイトボードで示し、花丸で評価する

方法でできるようになったので終了した。③④は内容を具体化し、優先順位をつけ、一つに絞って取り組むことを提案した。また、友だちとうまくかかわれるように、将棋やウノなど遊びのツールや会話スキル（同じ言葉を復唱する、相づちを打つなど）の練習を学校や家庭で行うことを提案した。

⑷　**中学校に向けた取り組みと入学後の様子**

　2学期から校長の主導で保護者と中学校との話し合いが行われ、Aさんの支援についてのサポートシートも引き継がれた。

　中学入学後、特別支援教育コーディネーターからセンターに「学習中離席はないが学習用具を出さず指示に従って行動することができない。ちょっかいをかけて友だちとかかわりを求めようとする。学習も厳しいためどう支援をしていけばいいのか相談したい」という電話があった。そこで小学校と同様、保護者と一緒に面談を重ねることにした。中学校長もAさんの得意を生かせる部活に誘ったり、取り出し授業やポイント表を活用して学習の約束を守らせたりするなど、小学校での支援を中学校の状況に合わせて引き継いだ。

5．事例に見る管理職の役割

　管理職の果たした役割は次の3点に集約されると考える。
①校長が保護者の考えや願いを聞き担任が動きやすい環境を整備したこと
②個別の支援の取り組みと共通理解を図る職員研修を早期に開始したこと
③専門機関を活用し、保護者と学校が対立することなく互いの立場で取り組むことを明確にし、Aさんの支援を継続的に行える環境を整えたこと

　診断の有無にかかわらず必要な子に支援を届けようと言われるが、課題が山積している学校現場において実践することはむずかしい。だからこそ、このように公的な外部機関を活用する柔軟な発想が必要ではないだろうか。

　Aさんについては面談を重ね、中学入学後にWISC-Ⅳ（子どもの発達の度合いを測る知能検査）の検査を行い、関係者と結果を共有した。保護者と学校が、特別支援学級も含めた将来の進路や今後の方向性について、連携した取り組みを進めているところである。

〈参考文献〉
　井上雅彦『自閉症の子どものためのABA基本プログラム4』学研教育出版、2015年。

事例で理解する支援の検証とアフターケア

学校行事で見せる子どもの姿をめぐって

宮城県教育委員会特別支援教育課副参事　**三浦　由美**

> **【事例】** Aさんは、小学校の特別支援学級に在籍する5年生の女の子。発語はなく、重度の知的障害がある。町の就学支援委員会では、特別支援学校入学適切の判断を受けていたが、保護者の希望で、小学校の特別支援学級に入級した。保護者はたいへん熱心で、学校に率直に要望を伝えてくる一方、学校に協力的である。しかし、学芸会での学校の対応に、保護者の感情が爆発。激怒して来校。校長室で担任、学年の先生方、特別支援教育コーディネーターと話し合いをするも、学校側のふとした一言で、ますます感情的になり、話し合いは物別れになる。その後学校は、一つひとつの教育活動について学校から提案をし、相談をしながら、時間をかけて保護者に寄り添っていくこととなる。
>
> なお、本事例は多数の事例をもとに創作したものであり、特定の個人等をさすものではない。

1. たいへんな保護者は、誰よりも不安な保護者

　Aさんはその愛くるしい容姿で、入学当初から子どもたちの人気者であった。いつも笑顔で、教室にはいつも同学年にかぎらず多くの子どもたちが遊びにきていた。Aさんは5年生になっても言葉を発することはなく、文字や数の概念の理解も困難である。歴代の担任は、体を一緒に動かしながら信頼関係をつくり、ジェスチャーで要求を表現すること、絵カードや実物を使って学習を進めていた。保護者も熱心に勉強をしており、時には指導の方法の変更を要求してくることもあった。両親ともに時間があるときは来校して担任と話をし、授業の様子を見ていった。きっとこの子はもっと成長する、せめて言葉が分かるようになってほしい、そんな強い思いを乗せた言葉が厳しい要求となって学校に突きつけられることもあったが、それは、できることは何でもして子どもを早く成長させたいという焦りからくるものだったのだろうと思われる。

２．学芸会に向けての担任や学年の先生のがんばり

　この年は、若くて元気がある女性の教員が担任をした。とても意欲的に取り組み、Ａさんとの信頼関係も良好であった。

　学芸会の時期。保護者の希望もあり、特別支援学級の子どもたちも各学年と一緒に劇や合奏を行うので、それぞれの学年で演出に工夫を重ねていた。Ａさんの学年でも、Ａさんを一緒に入れて劇を行うことにしたので、Ａさんの出番をつくるように学年で相談を重ねていた。しかし、決められた枠の劇のなかでは、なかなか思うようにＡさんの存在感を出すことができず、担任は苦しんでいた。仲良しの友だちと手を繋いで登場させても、途中で座り込んで動かなくなってしまう。好きなものを持たせて登場させようとしてもステージに出ようとしない。ステージに上げることそのものに苦慮していた。

　児童公開の日、Ａさんの学年の劇を見た。どこでＡさんが出てくるのだろうと見ていると、結局Ａさんは、ステージの真ん中に登場することは一度もなく、大勢の子どもたちと絵を持ってステージ最後列の隅に先生と一緒に並んでいるという設定になっていた。

　終了後、担任に、「もう少し出番をつくってあげることはできないのだろうか？」と話をしたが、「いろいろ試してみて、どれもうまくいかず、学年で相談してこのようになったのです。たぶんご両親も理解してくれます」との回答だったので、それ以上、新たな変更等を促すことや、保護者に確認を取ることを示唆することはしなかった。

３．こんな姿を誰に見せろというのか

　学芸会本番当日。学芸会を終了した学校の校長室に、Ａさんのご両親の怒鳴り声が響いた。校長のほか同席しているのは、教頭、担任、協力学年の学年主任、特別支援教育コーディネーターである。

　「毎年、Ａの学芸会を楽しみにしているおじいちゃんが病気で来られなくなり、ビデオを撮って送ってあげることにしたんです。こんな姿のビデオ、送れません！　先生方は、本当にＡのことを考えてくれたのですか？」と言って泣き崩れてしまった。校長からご両親に残念な思いをさせてしまったこ

とをお詫びした。さらに学年主任から、演目についてもＡさんと一緒にでき
そうなものを考えたこと、友だちと一緒に演技できるようにさまざまな試行
錯誤をしたが、うまくいかなかったことなど、詳しく説明があったが、ご両
親は納得しなかった。

　「いくら経過の努力を説明されても、結果がこれではどうしようもないで
しょう。１年に１度の学芸会なんですよ」と言って、先生方一人ひとりの未
熟さを責めた。ご両親にとっては、感情のやり場がどこにもなかったのだろ
う。取り返しのつかないことへの悔しさとやるせなさは、学校に矛先を向け
ることでしか解消できなかったのかもしれない。

　「そこまで言われてしまったら先生方も辛いですよ。お父さんお母さん」。
そう校長が言い放ったとたん、ご両親はさらに激怒し、「校長先生までそん
なことを言うのですか。学校はみな同じですね。もう信用できません」と言
って、校長室を出ていった。

4.　「一言相談してほしかった……」

　このご両親との話し合いのなかで、母親から話された一言である。

　「どうして、一言相談してくれなかったのですか？　うまくいかなかった
時点で、相談してもらえれば、一緒に考えることができたと思うのです」。

　保護者は、学校と一緒に考えていこうという姿勢を持っていたにもかかわ
らず、学校はそれに気づこうとせず、学校側が学校のやり方を信じてやり抜
こうとしてしまったことが、この事例の最大の失敗である。また、校長とし
て児童公開日に気づいたことを、深く掘り下げず、十分な確認をしなかった
こと、保護者の前では、まず保護者の気持ちに寄り添う必要があるのに、担
任や学年主任等学校側を擁護する発言をしてしまったことが、事態を大きく
してしまった。

　この後、学校は、次のことを配慮していくことを学校全体で確認しながら
長い時間をかけて、保護者の信頼を回復する努力をしていく。

⑴　まず、保護者の不安な気持ちに寄り添い、十分に傾聴すること

　保護者が学校に対して要求が多くなってしまうのは、大きな不安の表れで
ある。まずは保護者を否定せず、十分な傾聴に徹することで保護者を安心に

近づけることが必要である。

⑵　**学校側からは、常に提案をもって保護者に相談・確認をする**

　「このようにしてみたいのですが、どうですか？」この提案と確認の繰り返しが保護者にとっては安心であり、合意形成をしながら個別の指導計画を作成していくという作業そのものである。

　「お父さんお母さんどうしますか？」ではない。学校側が提案を持つことも保護者は望んでいた。「学校がAのことを一生懸命考えてくれている」、そう思えるのが学校側からの提案である。

５．評価を確認し合えるケース会の実施

　上述の２点について、担任およびかかわる先生方と確認し配慮しながら保護者との対話を繰り返し、少しずつ話し合いができるようになっていった。保護者からの提案もあり、保護者と外部専門家をいれてのケース会を年に２回開催することにした。ケース会には、教育センター指導主事、利用している施設の職員などが参加した。ケース会では、次回のケース会までに取り組む支援や指導内容、手立てを決定し、次回のケース会で必ず評価することとした。この事例をきっかけに、Aさん以外の特別支援学級の児童についても、希望に応じて外部専門家を入れてのケース会を実施することになった。保護者と話し合うこと、提案をしながらできることを確認していくことが、学校の体制のなかに組み込まれ、合意形成を図りながら子どもたちの成長を保護者と共に喜び会えるようになっていった。

６．合理的配慮を支える合意形成

　学校が、個別の指導計画を作成し、その指導計画に基づいて指導や支援を行っていくことは、至極当然のことである。しかし、合理的配慮は、本人や保護者の思いや希望があり、その提供について、十分に話し合い合意形成を図ることが必要である。学校側の思いを第一に考えては合理的配慮とは言えない。学校側の考えや思いがあるとすれば、それを提案として分かりやすくていねいに説明し、共通理解して合意形成を図ることが前提になると考える。

> 事例で理解する支援の検証とアフターケア

一人ひとりを大切にするあたりまえの教育を高校の指導・支援から考える

滋賀県高等学校教員　山口　比呂美

　本事例は、これまで勤務したいくつかの学校における指導・支援等の経験から、今一度考え直さなければならないと思われる取り組みを、ある一つの事例だけではなく、いくつかの事例を包括的にまとめた仮想事例として取りあげる。

　【事例】 Ａさんは、「中学校ではとくに問題等はなかった」という引き継ぎで、特別な支援が必要との引き継ぎ事項等はなかった。

　しかし、高校入学後、「靴のヒモが結べない」「漢字が書けない」「文字・文章等がしっかりと書けない」など、Ａさんの日常の生活から教員にとって気になる言動等が見受けられるようになった。

　Ａさんの状況が気になったので、再度、中学校に情報を求めたが、引き継ぎ時と同様の返答であり、保護者との面談でも課題意識等はもっていない様子であった。

　高校でも多くの教員は、Ａさんの状況に気になりながらも、教員間では雑談的に話をするだけで、情報共有や理解・支援等にはつながらず、評価も芳しくはなかった。なんとか３年間で卒業はしたものの、進路決定時にはなかなか決まらず、本人の自己肯定感を低下させてしまった。

　本事例では、理解・支援等の面で考えるべき課題がいくつもあったと考えている。①「引き継ぎ」（つなぐ）、②「教員の理解」、③「情報共有・共通理解」、④「保護者の理解」、⑤自己理解などである。

1．「引き継ぎ」（つなぐ）

　特別支援教育への理解や取り組みが進んだ現在では、「引き継ぎ」（つなぐ）の重要性は誰もが認識していると思われるが、事例では取り組みが始まった当初であり、「正確に具体的な引き継ぎ」ができていなかったことが課題であったと考える。

「引き継ぎ」（つなぐ）では、各校園とも「なぜ、しっかりと子どもの状況等を観察して支援等をしてこなかったのか？」と、入学前の校園に責任転嫁をする傾向が多く見受けられる。しかし、引き継ぎを受けた側にも考えなければならないことがあると考える。事例でも、「なぜ中学校は……？」と思ったのは確かであった。けれども、単に「中学校ではどうでしたか？」という聞き方ではなく、「中学校では○○のようなときにはどのような指導をしてこられましたか？」と具体的な言動等をあげ、細かく聞くことが必要であることを考えなければならなかったと考える。さらに、子どものことを考えれば、過去の情報を知るだけでなく、現在の状況をきちんと伝え、「今後（これから）」のことを考えるほうが重要であることを認識する必要がある。そのためには、本人・保護者とのかかわり方等をよく知っている入学前の校園との連携・協力が大切であることを忘れてはならない。

　学校・園は子どもを預かっている期間のことだけを考えるのではなく、子どもが社会的自立を果たせるように、将来・生涯を見据えた支援等を考える必要があると考える。高校も子どもの次へのステップに向けた指導・支援等行うために、入学前の校園と連携し、次の段階への「引き継ぎ」（つなぐ）をしていかなければならないと考える。

2．「教員の理解」

　事例では、子どもの状況を把握し、「気になる事項」を一応はとらえられていた。しかし、この状況が障がい特性につながっているか否かを、多くの教員が知らなかった（理解してなかった）ために、具体的な支援・指導につながらなかったといえる。教員が障がい特性を理解していれば、「気になるだけ」「雑談だけ」では終わらなかったのではないだろうか。子どもの気になる状況をしっかりと観察し、それがどのような意味をもち、子どもの姿（言動）となって現れているのかをしっかりととらえることが大切である。

　高校入学以前の保幼・小・中の校園においても、事例のＡさんの場合であれば、おそらく日常のいろいろな場面で、顕著に特性にかかわる言動等が見受けられたと思われる。一人ひとりの子どもの状況観察がしっかりとできることは基本であるが、教員の「気づき」から「理解」へとつなげていくこと

の重要性を再認識する必要があると考える。

　現在、教員の仕事量は膨大で多忙を極めている。子どもときちんと向き合える時間がない状況では、「気づき」もできないことがあることは一定理解できる。けれども、「目の前の子どもたち」が最優先であることを忘れてはいけないのではないだろうか。ましてや特別支援教育に取り組むと、「時間がない」「仕事量が増える」などを理由に、子どもの姿を見ようとしないのは、教育に携わる者としては本末転倒ではないだろうか。「教育の原点」といえる特別支援教育は、障がいや特性のある子どもだけでなく、すべての子どもに通じる教育であることを理解し、子どもたちのために理解をより深めていくことが重要である。

3.「情報共有・共通理解」

　事例では、発達障がいにかかわる特性が顕著に見受けられ、個々の教員もAさんの状況に気づいていた。しかも、その気づきを雑談にしていたことは一定評価できることではあった。しかし、教員間の雑談も一つの情報共有であるとはいえるが、組織的な情報共有とはならず、学校組織として教員の共通理解にもつながらなかった。その結果、Aさんの状況が障がい特性とは認識されず、具体的な指導・支援等につながらなかった。Aさんのことを考えるのであれば、気づきがあったときに、各教員がその都度、機会あるごとに「組織的」に情報共有・共通理解できる体制をつくっておくべきであったと考える。

　教員は、日常の子どもたちの言動等から、学習・生活・行動など多岐にわたる何らかの気づきをもつことが多いと思われる。けれども、その気づきを、他や周囲の教員と共有し、全体の情報となるように学校組織体制のなかで、情報共有・共通理解へとつなげていくことが重要である。

　一人の「気づき」を、組織的な指導・支援等にするために、教科会議、学年会議、校内の各種委員会、クラス・学年の教科担当者会議、そして職員会議と、学校組織に位置づけられた会議で「共有」することで、子ども理解につながり、具体的な指導・支援につながっていくと考える。

　また、教科指導・授業方法においても、「情報共有・共通理解」は重要で

ある。教科担任制である中学校・高校においては、生徒の状況等から考えられる教科指導・授業方法を、情報共有・共通理解することで、当該生徒はもちろん、学校全体、すべての生徒にも効果的な指導・支援等に活かしていくことができると考えられる。

4.「保護者の理解」を促す学校としての取り組み

　事例では、担任は保護者にAさんの状況等を伝えているが、教員の理解ともかかわって、障がい特性までは言及できていなかった。したがって、保護者も「学校での生活状況等を話されただけ」と思っていたと考える。これだけでは、保護者に理解を得ることはむずかしい。

　生徒の状況等を伝えることと同時に、「学校としては、お子さんの状況が気になるので、スクールカウンセラー等にも相談されませんか」などの一言を付け加えることが必要であったと考える。保護者に、障がい特性について直接話すことができなくても、スクールカウンセラー等を通じて保護者理解を促すことができると考えるからだ。もし、保護者が相談について了解をされたら、スクールカウンセラー等と連携しながら、障がい特性への気づきを促し、可能なら次に関係機関、医療機関等へつなげていくこともできる。そして、同時に学校での教育上の配慮や具体的な支援方法等にもつながり、子どもにとっては好ましい方向性になっていくと思われる。一方、もし保護者が相談等を固辞されたとしても、子どもの状況の深刻さには気づく可能性もあり、その後の指導・支援等につながっていくことも考えられる。

　さらに、事例の進路決定時にうまくいかなかった時点においても、保護者の理解を促すチャンスだったと考える。保護者に「なぜ、うまくいかなかったのでしょうね」と聞くことで、これまでの学校生活上の課題と関連させて、子どもの特性について認識をしてもらえることにつながったと考える。

　とにかく、保護者の理解を促していくためには、学校・教員との連携・信頼関係を築き、日常の子どもの長短両面の状況等を、正確に事実として伝えていくことが大切である。とくに、子どものよい面をできるだけ伝えていき、課題となる面については注意等ではなく、事実を正確に伝えることに重きをおくことが大切である。保護者が、子どもとしっかりと向き合って、理解を

深めていくためには、学校・教員が日常から保護者との連携・信頼関係を築いていくことを第一に考えていくことが重要であると考える。

5．本人の自己理解

事例では、Ａさんに対して、「自分を知る」（自己理解）機会を設けることがなかった。高校は、就職する者にとっては社会に出る最終教育機関となる。また、進学する者にとっても進学後の勉学等のことを考えると高校で自己理解をしておくことはとても大切になってくると考える。

自己理解といっても、診断名を知ることではない。自分の得意・不得意、自信のあること・困る面などを理解しておくことが大切なのである。そして、理解したうえで、さまざまな場面における対処方法等を身につけておくことが、社会や進学先で活かされ重要になると考える。

まず、自己理解や対処方法等を理解する機会を設けることについては、次のようなことが考えられる。

①子どもの言動をもとに、可能ならその時点を逃さず、個人面談等によって振り返りを行うことで気づかせ、適切な対処方法等についても考えさせる。

②放課後等の個人面談時に、日常の本人の言動について、客観的な周囲の見方などを話すことで気づかせ、適切な対処方法等も考えさせる。

③本人の得意・自信のある面を褒めるとともに、苦手・困っている面などの場面を想定し、そのときの対処方法等を指導する（ソーシャルスキルトレーニング等の指導）。

次に、自己肯定感を高めることについてである。特性のある子どもは、学習面・生活面等あらゆる学校生活の場面で、特性による課題事象等により自信を失ってしまうことがある。そして、その度に自己肯定感の低下につながってしまうことがある。さらに、こういった自己肯定感の低下を繰り返してしまうと、負のスパイラルになることもあり、二次障がいにつながってしまうことも考えられる。このようにならないためには、子どもに自信をもたせ成功させる経験をさせ、自己肯定感を高めることが大切である。

自己肯定感を高めるためには、特別なことを考えるのではなく、日常の好ましい言動等を認め、褒めることが大切である。学校生活のなかで、たとえ

ば、廊下等のゴミを拾った、隣の子どもに消しゴム等を貸した、近くの子どもに何かを教えてあげたなど、どのような些細なことでもいいので褒めることが大切である。ただし、同じ言動等を何度も褒めるのではなく、段階的に好ましい言動等を褒めることが重要となることを忘れてはならない。そして、子どもが好ましい言動等を行ったときには、保護者にも伝えることである。保護者に伝えることで、子どもは学校と家庭の両方で認め・褒めてもらえ、さらに学校・教員と保護者との信頼関係にも好ましい影響を与えることにつながると考える。

　子どもが、周囲に認められ、自己肯定感を高めることが、将来の社会的自立に大きくつながっていくと考える。

＊

　特別支援教育は、「特別な教育」ではない。「教育の原点」であるととらえるべきである。教育に携わる者にとっては、当たり前の教育である。「わからない子どもがいれば、わかるように指導・支援等を行う」当たり前で、自然なことである。当たり前のことであるが、障がいや特性のある子どもだけを対象にした教育ではない。「教育の原点」であることを考えると、すべての子どもに通じる教育であることがわかる。

　特別支援教育は、担当している時期だけを考えた教育ではない。子どもの生涯を考えて、今の時期に何をしておくべきかを考えて指導・支援等を行うことが大切な教育である。そのためには、いろいろな機関等と「つながる」ことが重要である。

　一人ひとりの子どもが、社会的自立を果たし、幸福な生活を過ごせるよう、できることから始めていってほしいと願っている。

> 事例で理解する支援の検証とアフターケア

中学校入学を機に障害を受け入れ、よりよい支援を求める母子

新潟県新潟市教育委員会管理主事 **和泉 哲章**

【事例】中学校１年生のＡさん。小学校４年生のとき、他の児童とのトラブルをきっかけに不登校となり、以来、市内のフリースクールへ通っていた。この間、Ａさんと保護者は、地域コミュニティとのかかわりを避けてきた。中学校入学に当たっては、母親が「これまでどおりフリースクールに通わせるので、制服も買わないし、入学式にも出ない。生徒名簿にも載せないでほしい」と中学校へ拒絶的な態度をとっていた。

しかし、フリースクールで発達障害の疑いを指摘され、WISC検査の結果、知的障害が判明する。フリースクールを信頼しながらも、本人にとってよりよい学習環境を模索していく。

1. 保護者の願いや気持ちを受け止め、信頼関係を築く

特別な支援を必要とする子どもをもつ保護者のなかには、障害の受容にかかわって、驚きやショック、拒否、混乱などの複雑で不安定な心理状況がみられる場合は多い。ときにこうした心理状況から、教師や周囲との関係が悪くなり、その後の指導や支援に困難を来す場合も少なくない。私たち教師は、保護者のこのような心理状況を理解し、願いや思いに耳を傾け、寄り添う姿勢が必要である。子どもの支援とともに保護者の理解と納得を得ることが大切である。とくに管理職がどんな言葉で語り、どんな表情で接するかは重要である。

ここで示す事例は、私がこれまで体験した事例のなかの要素を取り入れたものであり、特定の個人等をさすものではない。

私がＡさんの母親に初めて会ったのは、入学前の３月であった。ある日、小学校の校長からこれからＡさんの母親が来校する旨の電話があった。来校した母親は、校長室へ入るなり、深呼吸をし、今にも過呼吸でも起こしそうなほど緊張している様子であった。校長と教頭で対応した。入学に当たって

の保護者の希望を率直に聞いた。トラブルを避けるねらいである。この時点で、在籍はするが、登校する意思を示さず、子どもの力を伸ばすためにどのような支援が必要かなどと話す余地はなかった。生徒名簿への掲載はしない、副教材の購入はしない、配布物は必要最低限のものだけで、連絡をもらえば取りに来る、健康診断等については、時間をずらして受けることなどの希望を聴き、こちらの対応を確認した。確認事項については、行き違いがないよう1週間後、母親が来るときまでに整理し、確認のうえ、署名捺印してもらうことにした。この内容については、教育委員会や区の教育支援センターにも状況を伝え、写しを送付した。

　幾度かの面談をとおして、母親の緊張感がほぐれていくのを感じた。ある日の帰り際に「中学校はもっと怖いところだと思っていました」と母親が言ったので「ここは、Aさんのことで何か心配があればいつでも来ていいところですよ。フリースクールに行っていてもここはAさんの学校ですから」と言って帰した。当初、中学校をあてにせず、フリースクールのみを頼みとしてそれ以外に相談相手がなく、地域コミュニティからも孤立しているように思われた。「また何かあったらいつでも来てくださいね。電話でもいいですよ。教頭にいつでも電話してください」と声をかけた。教頭の応対はとても受容的で温かく、母親が信頼を寄せ始めていることが感じられた。

　入学式後のある日、母親が来校し、「今まで、言えなかったことがありました」と言って話し始めた。内容は、これまで発達障害の疑いがあるとフリースクールで指摘され、WISC検査を受けたことがあるということだった。「今まで話せなかったのは、自分自身が子どもの障害を認めたくなかったためです。今日は話すべきだと思って学校へ来ました」と時折目に涙をためながら私に語った。発達障害の疑いがあると言われたとき、何のことか理解できず、とても困惑したという。私は「お母さん、言いにくいことを話してくれてありがとうございます。Aさんがこれからどうしたらいいか一緒に考えていきましょう」と応じた。母親の支援にあたっては「いつでも相談に来てください」という親の悩みに応える姿勢、母親の努力を積極的に褒め、がんばりを評価することを大切にした。

　その後、改めてWISC検査を受け、軽度の知的障害が認められた。母親は、

「フリースクールへ行かせたのも子どものためというより、結局は、自分自身が周囲とのトラブルや疎外感を避けるためだったように思う。しかし、今は子どものためにどのような環境がいいのか考えるようになってきました」と語った。母親自身が心を開き、変わり始めたポイントだった。

2. 関係機関との連携

⑴ フリースクールとの連携

　Aさんはフリースクールでどのように学んでいるのか。それを知るために教頭と特別支援教育コーディネーターがフリースクールを訪ねた。フリースクールのほうでは、今まで学校が訪ねてくれたことはなかったとして好意的に協力してくれた。フリースクールではAさんの発達障害を理解しながらも、限られた施設・設備や人的環境のなかでどう支援していったらいいか困惑と模索をしているところだったという。母親はフリースクールの先生をたいへん信頼していた。学校とフリースクールが連携することは、学校と母親双方にとって有益だった。「登校してみませんか」と声をかけたときもフリースクールの先生が口添えしてくれて週1日の登校が始まった。学校での様子は、フリースクールにも伝え、フリースクールでも本人と母親を励ましてくれた。誤解が生じることもあったが、その際も母親をフォローしてくれた。フリースクールとの連携は母親と本人の不安を軽減し、学校への信頼感を高めた。小学校4年生以来固まっていた状況が具体的に動き始めた。

⑵ 教育委員会・特別支援教育サポートセンター等との連携

　Aさんに対しての支援や合理的配慮の提供について、校内委員会での検討とともに、市の特別支援教育サポートセンター等専門機関の指導と助言を受けることにした。サポートセンターの担当者は、保護者との面談、数回にわたるAさんとの面談と観察を行って、ニーズと実態を把握し、必要な支援や合理的配慮について指導・助言してくれた。これまで、限られた人間関係と体験のなかで生活してきたことから、中学校ではさまざまな体験をさせることやコミュニケーション能力を高めることを大切にしていくことにした。

　母親は、わが子が今後、特別支援学級で学ぶべきか、特別支援学校で学ぶべきか、中学校、フリースクール、特別支援教育サポートセンターなど、さ

まざまな方に意見を求めた。特別支援学校へも相談や見学に行った。専門機関の言葉を母親は信頼し、重く受け止めた。

夏の就学支援委員会では特別支援学校を希望することとしたが、「保留」となった。発達障害の程度に加え、生育歴などを巡ってさまざまな意見が交わされたと聞いている。「特別支援学校相当」とするには、特別支援学校での生活をさらによく理解し、もう少し本人と保護者の考えを見極める必要があるということであった。

3. 支援の検証とアフターケア

Ａさんと保護者は、冬の就学支援委員会では当校の特別支援学級を希望し、認められた。中学校生活に慣れてきたこと、とくに担当職員や特別支援教育支援員など中学校の対応にＡさんも母親も満足していたこと、また、生徒たちも何事もなかったかのように彼を受け入れ、困っている様子があれば声をかけて教えてくれたことなどが要因と考える。Ａさんは、体育祭や文化祭にも皆と同じように参加した。これまで地域コミュニティと疎遠だった母親も周囲の目を気にすることなく、わが子の姿をビデオに収めていた。

これまでの変容を見る限り、Ａさんと保護者への支援は、うまくいったと考えている。その要因は、保護者と本人との信頼関係を築き、不安を軽減し、安心に努めたこと、関係機関と連携することによって情報を共有し、適切な支援ができたことにあると考えている。学校での生活については、教頭または特別支援学級担当者が、本人と面談して振り返りを行い、ノートに１日の活動や本人の感想を記録し、できるだけ活動の写真をつけて保護者に伝えている。教頭や担当者はいつもカメラ持参である。そして、私は時折来校する母親や帰りの際のＡさんを見かけると校長室で面談し心理状況の把握に努めている。とりとめのない話のときもある。私なりのアフターケアである。母親の心の安定が子どもの安定につながっている。

事例で理解する支援の検証とアフターケア

中学校進学に向けた関係機関との連携と保護者との合意形成

新潟県長岡市立千手小学校長 中田 仁司

【事例】Ａさんは小学校３年生で１度医療機関に入院した。退院後当校の特別支援学級で過ごしたが、再度５年生の２月に入院した。２度目の当校への復帰に際し保護者の失敗は許されないという強い願いを受け止めた。６年生５月から試験登校を開始した。医師の判断は特別支援学級相当である。保護者は普通高校進学を願い、通常学級へ転籍を求めた。Ａさんと保護者の困り感に寄り添い、試験登校から７月通常学級への転籍、中学校進学までの取り組みを紹介する。校長の合理的配慮のポイントは以下の３点である。

(1) 関係機関との連絡・調整の場の設定

学校復帰に向けて医療機関と分校、進学については中学校、教育委員会、家庭児童相談員による切れ目のない連携・調整を実施すること。

(2) 本人の成長プランの共通理解と評価計画の共有の場の設定

連携する関係機関の専門的視点を生かし、Ａさんと保護者の願いに基づく成長プランと評価計画を作成し、共有すること。

(3) 保護者の不安解消のためのタイムリーな面談の設定

管理職が同席し、Ａさんの成長と保護者の困り感を共有すること。そして各機関との連携により解決策を提供していねいな合意形成を図ること。

なお、本事例は複数のケースを総合し創作したものであり、特定の個人をさすものではないことをお断りしておく。

1. 小学校で終日過ごせるための合理的配慮

試験登校は５月下旬から始まり７月下旬まで12回実施した。

(1) 関係機関との連絡・調整の場の設定

年度当初、Ａさんは４月下旬より試験登校を開始するという話が分校からあった。Ａさんは両親も含め人間関係をうまく築けない。そこで校内で校長、

教頭、6年学年主任、特別支援学級担任、特別支援教育コーディネーターによる打ち合わせを行った。そして、試験登校開始に当たり分校、医師も交えた医療機関と保護者支援も含めた前籍校会を実施した。参加者は、校長、特別支援学級担任、主治医、看護師、相談員、分校教頭、担任である。医療機関から、Ａさんが暴力行為により再度入院した経緯、現在までの治療の様子とＡさんの願い、母親との関係、試験登校を認めた理由等が報告された。分校からＡさんとのかかわりに悩む家族の様子が伝えられた。そして、次の課題や方向性が共有された。

①医師は特別支援学級での試験登校が適切であると判断したが、母親は大学進学には通常学級でないと無理という思いが強いこと。Ａさんも母親の影響を強く受けていること。

②進学する中学校の就学相談を受け特別支援学級でも高校に進学できる道筋を示すこと。

③Ａさんとの関係をうまく築けない母親の困り感を支えるために長期休業では家庭児童相談員との連携を図ること。

　分校担任による試験登校の目的は、㋐先生の話を聞いて落ち着いて過ごすこと、㋑学校のルールを守って学習できること、㋒困ったことがあったら先生に話すこと、㋓暴言なく過ごせることである。

(2)　Ａさんの成長プランの共通理解と評価計画の共有の場の設定

①Ａさんの成長プランの作成

　特別支援学級に在籍し1日2時間からスタートする。その後は様子を見て段階的に1時間単位で増やし終日過ごせるプランを作成した。

②成長プランの共有

　まずは、小学校で終日過ごせるようになるという目的と、そのために失敗しないように段階を追って進めるプランの共有を図る。面談の構成員は、校長、教頭、特別支援学級担任、特別支援教育コーディネーターである。重要な案件の場合は母親だけでなくＡさんや父親の同席を求めた。

(3)　タイムリーな面談設定によるていねいな合意形成

①タイムリーな面談設定

　実際の面談では転籍後は終日過ごせるために、2週間単位でプログラムの

進捗状況の説明を行うことを基本とした。しかし、母親が不安な姿を見せた場合は、早期に面談を設定した。Ａさんは特別支援学級に在籍し介助員の支援を受け給食、昼休み、清掃等まで在校時間が増えている。しかし、母親は中学校で通常学級に在籍し高校に進学させるため、１日でも早い通常学級での終日プランを何回も要求した。面談で合意した内容に翌日には不安・不満が顕在化することが多くあった。

②ていねいな合意形成

　管理職が面談に参加することで、母親の悩みを共有した。そして、Ａさんの姿を評価し終日過ごせるための学校の取り組みを説明し、次回面談の見通しを示すことに心掛けた。母親は不安・不満が減り納得する姿を見せてきた。母親が不安なときは、Ａさんや父親も交えた面談を設定した。そして、Ａさんの実態に基づくプランを確認していねいな合意形成を繰り返した。

2．中学校進学に向けての合意形成

(1)　関係機関との連絡・調整の場の設定

　進学先Ｂ中学校の校長、教頭、就学支援担当と当校の校長、教頭、特別支援学級担任、特別支援教育コーディネーター、時には教育委員会も加えて行った。Ｂ中学校は、①特別支援学級在籍で普通高校を受験できること、②特別支援学級のカリキュラムはＡさんが決定できること（国語と数学を通常学級で学ぶことに決定）、③各教科担任からの課題や学習準備の連絡に基づいて授業は進むこと、④いつでも見学可能なことが共通理解された。

(2)　Ａさんの成長プランの共通理解と評価計画の共有の場の設定

　終日過ごせるようになってきたＡさんの困り感は、①本人が学習の課題や準備を忘れてしまうために母親に伝わらず、母親から支援を受けられないこと、②自分が困っていても介助員の声かけを待っていて、通常学級の担任に自分から考えを伝えられないことである。

　そこで以下のプランの共通理解を図った。①中学校では各教科担任が課題を出す。それを忘れると授業に支障が出る。本人がメモ帳に予定を記録し、家庭の支援をお願いすること、②中学校で国語と数学は通常学級で学ぶ。そこで特別支援学級に在籍し徐々に介助員を通さず自分の意思を伝える力を育

成することに主眼を置いたプランを作成した。また、学校行事の参加の仕方も含め終日参加できることを目標として確認した。Aさんは週予定をもとに毎日振り返りを行った。

(3) タイムリーな面談設定によるていねいな合意形成

①タイムリーな面談設定

　10月から父親の都合を最優先して毎月1回実施した。中学校でも行われる陸上大会、遠足、持久走大会、文化祭等の参加の仕方について担任が本人の意思を確認し保護者に伝え、決定する手順を大切にした。また、学校の様子を伝え協力を依頼し要望を聞いた。

②ていねいな合意形成

　B中学校進学に向けて10月にAさんと保護者が個別に見学する場を依頼した。また、2月に進学後のカリキュラムについて相談できる機会を持てるよう依頼した。その結果、国語と数学は通常学級で学習することになった。そこで、人から言われたこと、自分で決めたことは守ることをめあてにした。2月以降は中学校生活を想定して取り組んだ。教育委員会と相談し1週間お試し期間として通常学級で終日過ごすプランを実施した。その後面談を持った。Aさんはメモ帳を通して、母親が持ち物の点検をして宿題や提出物を忘れることは減った。少しずつ自分でかかわろうとしてきた。また、暴言は時々見られるが、暴力的行為は見られなかった。ドリルの宿題は得意である。しかし、絵や作文、手紙などの創造的なものは困り感があり、提出できないことが課題として残った。

＊

　医療機関からの復帰についての、小学校で終日過ごせるためと中学校進学に向けての合理的配慮の取り組みを紹介した。その際管理職として関係機関との連絡・調整の場の設定、本人の成長プランの共通理解と評価計画の共有の場の設定、保護者の不安解消のためのタイムリーな面談設定の三つのポイントを柱に取り組んだ。背景にAさんの復帰を2度と失敗させたくないこと、そして高校進学という保護者の願いがあった。何よりもAさんの居場所づくりに真摯に取り組む担任、特別支援教育コーディネーター、介助員、通常学級担任の姿があった。早い時期からの小中連携が有効に働いている。

事例で理解する支援の検証とアフターケア

ASDの特性がある子どもの
中学校生活と高校進学

埼玉県熊谷市立市田小学校長　**山田　明**

【事例】小学校6年生が卒業・進学を控えた10月、中学校と小学校との小中連携協議会（校長部会）が行われた。その際、小学校長より「本校6年生に発達障害のあるAさんが在籍しており、中学校でも支援と配慮が必要である」との申し入れがあった。

小学校ではすでに5年生の時点で個別の指導計画（教育支援プランA・B：埼玉県教委が定めた個別の指導計画の様式）が作成され、指導・支援が行われていた。そこで、11月に中学校より校長と特別支援教育コーディネーターの2名が小学校を訪問し、小学校の学級担任が同席し、保護者との面談を行った。

面談では、①保護者から中学校進学に当たっての心配なこと、②小学校で作成している個別の指導計画をもとに、中学校進学までに中学校での個別の指導計画を作成することが確認された。

なお、本事例は、本職が校長として中学校に勤務していた頃に出会った発達障害のある複数の生徒の事例をまとめたものであり、特定の個人等の事例を指すものではないことをお断りしておく。

1．Aさんのプロフィール・障害の状況

就学前、障害のある兄の療育相談で医療機関に通院している際、Aさんについても療育相談が行われ、知的発達に遅れはないものの、自閉スペクトラム症（ASD）の特性があるとの診断を受けた。しかしながら、母親は、Aさんが兄に比べできることが多く、幼稚園でも皆と園生活が何とかできていたことから、小学校入学に当たり、小学校に相談するなどのことはしなかった。

小学校入学後の学校生活では、友だちとのトラブルや集団での活動・行動がうまくできないことが徐々に起こるようになった。学習面では、作文を書

いたり、文章問題を解いたりすることに困難な面がみられた。また、運動面では、ボール運動のルールを理解したり、跳び箱、縄跳びなどを行ったりすることが、とても不得手だった。

2．小学校での支援——小学校６年生時の個別の指導計画より

⑴　ユニバーサルデザインの視点による支援（全校での取り組み）

○黒板およびその周辺を整理し、よけいな視覚情報を取り除く。

○朝の会で１日の日程表（とくに移動教室についての情報）を使って説明。

○授業のはじめに、本時の授業の流れを明示するとともに、本時のねらい（課題）を提示。

○黒板の板書で使うチョークは、主に白色と黄色。

○教材等を提示する際は、可能な限り図や映像など視覚情報を活用。

○教師の言葉による指示の際は、一つひとつ指示を出し、複数のことを伝える際は、併せてハンドサインや板書で示す。

⑵　Ａさんへの支援

○言葉での指示理解が弱いことから、担当教師は指示後、机間巡視またはアイコンタクトでＡさんの理解度を確認。

○友だちとのトラブルの際は、まずはクールダウンさせることを優先し、その後、しっかり話を傾聴する。

3．中学校での個別の指導計画の策定

　11月の小学校での保護者面談後、小学校の授業参観を含め３回の保護者面談を重ね、以下の内容の個別指導計画を作成した（中学校入学時の個別の指導計画より）。

⑴　ユニバーサルデザインの視点による支援

○小学校での取り組みを中学校でもすべての教育活動において実施する。

⑵　Ａさんへの支援

○言葉での指示理解が弱いことから、担当教師は指示後、机間巡視またはアイコンタクトでＡさんの理解度を確認。

○パニック状態になりそうなときは"さわやか相談室"に行き、相談員にし

っかり話を聴いてもらう。

○定期的に相談の機会を設けることで、事前に困難な場面を想定した取り組み、不安な場面での対応方法の確認を行うため、毎週2回昼休みに"さわやか相談室"にて、Aさんと相談員、時には校長も同席し、懇談の場を設定する。

このほか、Aさんへの支援として、4月の中学校入学前に保護者とともに中学校を事前訪問してもらい、学級担任などとの顔合わせ、教室訪問を行い、Aさんが不安感なく、かつ見通しをもって中学校生活をスタートできるようにした。

そのなかでも、一番のポイントは、友だちとのトラブルやフラッシュバックによりパニック状態になりそうなときに、自らクールダウンの場所に移動できるようにすることであった。そのため、市内各中学校に設置されている"さわやか相談室"を活用することとし、「何か不安なことがあったときには早目に"さわやか相談室"に行き、相談員に話を聴いてもらうこと」がAさんにとって一番の目標となった。

4. 中学校全校での支援体制の構築

Aさんが入学する中学校では、年度初めのサポート会議（生徒指導・教育相談）において、Aさんの個別指導計画に基づき、全職員が障害の特性および中学校で取り組む支援内容について、共通理解を図った。

中学校では、4月中に市内の県立特別支援学校から特別支援教育コーディネーターの派遣を受け、発達障害のある生徒への指導・支援のあり方、ユニバーサルデザインの視点による支援について、Aさんへの支援を念頭に校内研修会を実施した。

5. 中学校生活がスタート

Aさんは中学校での生活を順調にスタートさせた。部活動は文化部に所属した。男子生徒は少なかったが、女子の部長や先輩からのていねいな言葉掛けにより、部活動の活動に取り組むことができた。授業においては、数学での文章問題や国語での作文など、文字での表現・理解の能力が求められる学

習は不得手であったが、そうしたなかでも、英語については、強く興味・関心をもち、自宅でも自主学習に取り組み、めきめきと英語の学力を高めていった。

6．中学校生活──クールダウンができることの安心感

中学校入学にあたり、クールダウンする必要を感じたら "さわやか相談室" に行くことを、Ａさんはもちろん、全職員の共通理解事項としていた。中学校3年間、毎学期初めにすべての授業で1回「クールダウンのために "さわやか相談室" に行く練習」を計画し、実施した。当初は、専用のカードをＡさんに渡し、それを担当教師に示すこととしていたが、本人との相談で「手をあげて、"さわやか相談室" に行くことを伝える」方法となった。

"さわやか相談室" へのクールダウンの練習は、Ａさんの心の安定に効果があったようで、何度か教室内で友だちとのかかわりがきっかけでパニックを起こしてしまうこともあったが、自ら "さわやか相談室" に行くことが何度かでき、それに伴い、パニックになる回数が激減し、落ち着いた学校生活が送れるようになっていった。

また、毎週月曜日と水曜日の昼休みに実施した "さわやか相談室" の懇談も効果的で、苦手な授業や行事への参加について、友だちや部活動のことなど、事前に相談することで、課題となっていることが整理でき、課題解決の一助となった。

7．高校進学に向けて

中学校3年生となり、今後の進路を選択する時期となった。Ａさんは将来得意な英語を生かした職業に就きたいと夢を抱き、県立高校の英語学科へ進学することとなった。

進学先の高校へは、校長が受検前と受検後の2度訪問した。2度目の訪問では、保護者の了解のもとＡさんの個別の指導計画の写しを高校側に引き継ぎ、中学校での指導・支援の状況の様子を説明した。高校では、中学校進学同様、入学式前にＡさんと保護者が高校を訪れ、事前相談が行われた。

8．まとめ

①個別の指導計画に記されたＡさんへの支援の手立て（合理的配慮）が、小学校から中学校、そして高校へ引き継ぐことができた事例である。通常の学級に在籍する発達障害のある児童・生徒への合理的配慮が、個別指導計画のなかに明記されていることにより、小・中・高すべての教員が共通理解・共通行動で支援を行うことができた。

②中学校においても小学校でのユニバーサルデザインの視点による取り組みを全校で実践した。Ａさんへの適切な支援になったことはもちろん、すべての生徒が安心して学校生活を送る基盤、教師が生徒一人ひとりに分かる授業・楽しい授業を実践する契機となった。

③Ａさんが進学した県立高校では、埼玉県教育委員会の巡回指導を活用し、個別の指導計画に基づく合理的配慮（支援）を行っているとのことである。

> 事例で理解する支援の検証とアフターケア

読むことに困難さをかかえる
子どもへの合理的配慮

長野県上田市立丸子中央小学校長　宮原　明人

【事例】「漢字が読めない」「文章のどこを読んでいるかわからなくなる」など読むことに困難さをかかえるＡさんへの合理的配慮として、タブレット型コンピュータ（以下：タブレット）を整備し、デイジー教科書と再生アプリを活用した。音声再生と同期した文章のハイライト表示、漢字ふりがな表示機能などを活用し学習したことで、それまで白紙で提出していた国語の単元テストの正解率が飛躍的に向上した。読みに自信を持つことができたＡさんは、原籍学級（特別支援学級に在籍している児童が交流及び共同学習をする通常学級）にタブレットを持ち込みデイジー教科書で学習を始めた。だが、自分だけがタブレットを使っていることが精神的な負担となり、原籍学級での利用を控えるようになった。

1．読むことに困難さをかかえていたＡさん

　本事例は、複数の事例をもとにまとめたものであり、特定の個人等をさすものではないことをご承知おきいただきたい。

　Ａさん（小学校３年生）は入学当初から多動や不注意の傾向があり、通常学級での一斉授業では集中できずに学習に参加することができなかった。校内支援委員会では少人数の刺激が少ない環境での個別指導が必要であると判断し、上田市の教育支援委員会の判断を経て、特別支援学級への入級となった。特別支援学級では落ち着いて学習する姿が見られたが、教科書や問題を読む際に「漢字が読めず文の意味がわからなくなる」「長文は読んでいる場所がわからなくなる」と困難さを自ら訴え、それらが学習のつまずきとなっていることが推測された。そこで、担任が横について声に出して読みあげたところ、文章の内容を理解することができた。しかし、少人数の学級とはいえ複数の児童がいる教室で、常にＡさんについて文章を担任が読み上げることはむずかしかった。また、特別支援学級に在籍している他の児童のなかに

もＡさんと同じような困難さが見られる児童も複数いた。

2. マルチメディアデイジー教科書とタブレット用デイジー再生アプリについて

　公益財団法人日本障害者リハビリテーション協会は、平成20年から通常の教科書では読むことが困難な児童・生徒のためにマルチメディアデイジー教科書（以下：デイジー教科書）の提供を始めている。学校現場でもその活用が始まっている。平成26年度文部科学省の「学習上の支援機器等教材研究開発支援事業」を受諾した上田市の企業がデイジー教科書をより使いやすくするためのタブレット用デイジー再生アプリ（注）（以下：再生アプリ）を作成した。本校でも平成28年度に上田市とこの企業との連携によりデイジー教科書と再生アプリが入っているタブレット6台が整備された。

　デイジー教科書の主な特徴としては次の点があげられる。

○教科書の文章をアプリが音声再生する（アプリが音読してくれる）。

○音声再生に合わせて音読している文節や文章をハイライト表示し、今読まれている箇所がわかる。

○漢字にふりがなをつけて表示できる。

　また、今回使用した再生アプリには次のような機能がある。

○拡大や縮小表示をしたときに、文字の表示が画面サイズに収まるように自動的に改行する。

○ふりがな表示は再生画面で1度タップするだけで簡単に切り替わる。

○連続再生では読んでいる箇所の把握がむずかしい場合、ハイライトごとに再生を停止することもできる。

○文字の大きさ、色、書体、縦書きと横書きの選択、音読の速さ、背景色などが変更できる。

　デイジー教科書の支援の効果に加えて、再生アプリを使用することで、Ａさんのように読みに困難さをかかえる児童・生徒のための合理的配慮が可能であると考えられる。この再生アプリの開発段階からこの企業と共に実践を重ねてきたＢ教諭を中心にして、特別支援学級において合理的配慮を必要とする児童がタブレットを用いて、デイジー教科書と再生アプリを活用した学

4 事例で理解する支援の検証とアフターケア

習ができるように環境整備と指導内容を作成し実践した。

3. デイジー教科書を使った実践の成果

　現代の児童が電子機器に慣れているとは言え、教育用のアプリについては初めて使うため、操作方法はもちろん、使うときの約束についても指導する必要がある。一番大切なことは、自分の学習を助けてくれる大切な道具であることを自覚できるようにすることである。オモチャやゲーム機と同じように感じさせないことである。また、音声再生ができるので他の児童への配慮が必要であることも指導する。他の児童がいるときは、ヘッドホン使用を身につけさせている。

　漢字を正しく読めない児童に、ふりがなを表示させながら音声再生することで、中断することなく最後まで文章を読む姿が見られるようになった。文章のどこを読んでいるかわからなくなる児童や、文節のまとまりを意識することが苦手な児童には、音声再生に合わせたハイライト表示機能を使った。1度の再生で理解できる児童もいれば、何度も再生することで文章の意味を理解する児童もいた。共通して言えることは、今まで紙の教科書では文章の意味を理解することが苦手で途中で音読をやめてしまう児童が、集中して文章と向き合い意味を理解しようとしている姿が見られたことである。

　漢字にふりがなをつけることで、意欲的に国語の学習に取り組んだ児童は、日常の学習と同じ環境となるように問題文にふりがながついた「総ふりがなテスト」を実施したところ、それまでの国語のテストではほとんど白紙であったが、全問正解した。どこを読んでいるかわからず苦しんでいた児童も、デイジー教科書を使った後の単元テストで7割程度正解するようになった。この児童もデイジー教科書を使う前は白紙回答が多かった。このように、特別支援学級でのタブレットを使ったデイジー教科書と再生アプリの活用は、一定の成果を見ることができた。

　デイジー教科書は合理的配慮のためにとても有効であると共に、児童の特性に合わせて設定できる再生アプリを使うことで、より細やかな合理的配慮が可能になると考えられる。また、汎用的なアプリではないため、教員がアプリに慣れることが必要であるが、児童・生徒にとってはあまり高い敷居で

はないことを実践から感じ取ることができた。

　再生アプリを使ったデイジー教科書の活用は、保護者にも好評であった。なかにはタブレット、再生アプリを家庭で購入し家庭での学習にも利用する児童もいる。

４．通常学級（原籍学級）で活用することのむずかしさ

　デイジー教科書を使うことで学習に自信が持てるようになってきたＡさんは、「タブレットを原籍学級で使えばみんなと一緒に勉強できるのになあ……」と思うようになってきた。

　そこで、特別支援学級の担任と原籍学級の担任が相談をして、Ａさんの保護者の了解を得て、原籍学級の児童にＡさんがタブレットを使って授業に参加することを話した。Ａさんが一緒に学習できるのはいいと、児童たちは快く理解したように見えた。しかし、実際にタブレットを机上に置くと他の児童が集まってきて、うらやましい気持ちを言葉や態度で表した。担任がその場を制し、再度Ａさんがタブレットを使うことの意味を説明した。それから何回かＡさんがタブレットを使う授業が行われたことで、それが当たり前になったと担任も感じて安心した。

　１ヵ月ほど過ぎた頃、Ａさんから「もうタブレットは使わない。使わなくても勉強できる」と担任に申し出があり、タブレットを使うことを控えるようになった。特別支援学級の担任がＡさんに確かめたところ、みんなからの視線が気になり、担任がいないところで「いいなあ、Ａさんだけ」と言われることがいやだと話した。原籍学級の児童は、合理的配慮について頭では理解しているが、心情面では納得できていなかったのである。まだ幼い児童が合理的配慮を納得することはむずかしいのだと実感した。

　通常学級の児童が合理的配慮を理解するためには、言葉だけではなくデイジー教科書を実際に使ってみることや、その支援が自分には必要かどうかを自己判断できる体験をさせてみることが大切であると考え、実践にむけて準備を進めていきたい。

〈注〉
　タブレット用デイジー再生アプリ「いーリーダー」（シナノケンシ株式会社）。

158

事例で理解する支援の検証とアフターケア

実行機能の課題や弱さのある子ども

栃木県鹿沼市立北小学校長　福田　宜男

【事例】小学校１年生男子Ａさん。２学期のケース会議の資料を以下にあげる（加工して一部のみ記載）。

〈うまくいっているところ〉

○集団での対応

　個別に課題を示せば、取り組めることもある。算数の計算は、比較的できる。絵をかくことや工作が好きで取り組むことができる。

○１対１対応（支援員や空き時間の教員による）

　15分単位での活動には集中して取り組める。外からの情報（音・視覚）をできるだけ遮断して話をすると、通じやすい。

〈うまくいっていないところ〉

○集団での対応

　友だちとのトラブルが多い（悪口・暴言、暴力）。通りがけに友だちの頭を叩いたり、友だちが怒って追いかけてくるのが楽しくて悪口を言ったりする。刺激に弱く、離席・離室が多い。追いかけると逃げるので、声をかけ遠くから見守っている。整理整頓や集団行動・整列が苦手である。好きなこと（水遊び・水たまり遊びなど）に没頭していると、指示が入らず、遊びがやめられない。

1．学校で行った合理的配慮や支援

⑴　学習上または生活上の困難を改善・克服するための配慮

　自分を客観視する、物品の管理方法の工夫、メモの使用など行動を最後までやり遂げることが困難な場合が多く、途中で忘れないように工夫したり、別の方法で補ったりするための指導を行った。

①１対１で学ぶ場面の確保

　視覚や音の刺激が少ない別室で学ぶ時間を設定した。管理職としては、不適応の状況を軽減することが求められていたので、判断し、設定した。その

後、教育相談室での心理検査の結果を基に、通級による指導を併用すること
とした。

②通級による指導

　実行機能の課題や弱さのあるAさんにとっては、取りかかりや、達成する
力、時間の概念、記憶、整理整頓、柔軟性、感情のコントロールなどの課題
があったため、優先順位も考慮して取り組むこととした。

　通級による指導での学習の状況や対応については、担当者から学級担任に
伝えた。

③ソーシャルストーリーを用いた指導

　通りがけに友だちの頭を叩いたり、友だちが怒って追いかけてくるのが楽
しくて悪口を言ったりする。この悪循環を断ち切るために、Aさんと友だち
のトラブルの様子を絵に描いて、どのようなことをしたのか、言ったのか、
そのときの気持ちをふり返るようにした。

⑵　**学習内容の変更・調整**

　学習内容を分割して適切な量にするなど、注意の集中を持続することが苦
手であることを考慮した学習内容の変更・調整を行った。

①見通しがもてる工夫

　学習のねらいを提示した後、どのような学習活動を実施するか三つ程度で
指示し、黒板に書くことで学習内容を分割した。口答による指示だけでなく、
視覚的な援助を行うようにした。

　また、注意の集中を持続することが苦手なために、取り組めたときには、
できるだけほめるようにした。

②1対1での学習

　通常の学級で学ぶ予定の学習を1対1で学ぶ時間では、注意の集中が継続
しやすいために、20分程度で学ぶ内容が終了してしまう。そのために、残り
の時間の活用が課題になった。

⑶　**情報・コミュニケーションおよび教材の配慮**

　聞き逃しや見逃し、書類の紛失等が多い場合ので、掲示物の整理整頓・精
選、目を合わせての指示、メモ等の視覚情報の活用、伝達する情報を整理し
て提供した。

①聞き逃しによる指示理解ができにくく、WISC-Ⅳ心理検査で、とくに、ワーキングメモリに課題があることが明らかになった。そのため、目を合わせ繰り返しての指示や復唱、メモや場所など視覚支援を心がけた。

②ロッカーや机の中などの整理整頓をよりよくするために、写真や絵を活用した。また、通級による指導の場面では、朝、学校に来てから帰るまでの活動の流れや手順を確認しながら、Aさんノートを作成した。

(4) **心理面・健康面の配慮**

　活動に持続的に取り組むことがむずかしく、また不注意による紛失等の失敗や衝動的な行動が多いので、成功体験を増やし、友だちから認められる機会の増加に努めた。

①絵を描くことや工作が好きなため、取り組みの様子や作品について賞賛できる場を設定し、がんばりをねぎらった。

②整理整頓が苦手であるが、取りかかろうとしたときや途中までできたときを見逃さずにほめるようにした。また、できたときにはがんばりを学級全体の場でほめるようにした。

２．支援の検証とアフターケア

支援内容	検証	アフターケア
① 学習上または生活上の困難を改善・克服するための配慮	1対1で学ぶ機会を設定（通級も含め）したが、週あたり3時間程度であった。改善・克服には時間が少なすぎる。 　ソーシャルストーリーによる指導は効果的であったが、学級担任が行うのは、個別的にかかわりづらくむずかしい。	保護者との面談（管理職も同席）を実施し、校外での支援の必要性や、今後の改善状況から「通級による指導」よりも「特別支援学級への入級」を勧めた。 　また、放課後等デイサービスを提案した。その後、デイサービスと連携を図り、個別指導だけでなくグループ指導の実施を依頼した。

② 学習内容の変更・調整	見通しをもてる工夫を行ってきたが、毎時間での実施は困難だった。 　個別指導で、余った時間の指導を充実させる。	特別な教育課程の編成による指導を増加することが課題になる。 　通級担当者と1対1で教える教員との連携を図った。
③ 情報・コミュニケーションおよび教材の配慮	目を合わせ繰り返しての指示や復唱、メモや場所など視覚支援を心がけ、有効だった。	ICTを活用した授業や、本人が用いた学習を増やすことが課題になる。コンピュータ、デジタル教材を活用していきたい。
④ 心理面・健康面の配慮	成功体験を増やし、友だちから認められる機会の増加に努めたが、まだ、十分と言えない。 　支援員等と学級担任による個別の称賛による声かけだけでなく、学級全体での機会を増やす。	心理的な安定を図るために、保護者にできる範囲での見守りを依頼し、そのときに学級全体のなかで称賛することができた。 　保護者が不在のときには、多動性や衝動性の課題が生じやすくなる。

　個別の教育支援計画や個別の指導計画に基づいた指導の際に、上記の①から④の観点での取り組みが求められる。管理職としては、保護者と面談等において、保護者の価値観を尊重しつつ、否定せずに思いに焦点をあてて聴くことを心がけた。合理的配慮や支援ができているのか、自問自答しながら、子どもの成長を伝え、個人の感情を表現しないように努めた。学校としてよりよい成長を共に促すかかわりを続けていくことを伝えた。よりよい成長を考えて特別支援学級でのより手厚い支援も考えられるように。

> 事例で理解する支援の検証とアフターケア

主に学習（言語）に課題や弱さのある子ども

栃木県鹿沼市立北小学校長　福田　宜男

【事例】小学校１年生男子Ａさん。引き継ぎ情報シート資料を以下にあげる（加工して一部のみ記載）。

〈児童について〉

○支援窓口関連機関

医療機関：なし　療育機関：○○園　相談機関：○○相談室

○生活の様子

発達について：３歳児健診等で言葉の遅れを指摘され、年長時から療育機関に通園。言葉で表現することがむずかしく、返答は「うん」や「うん」等、単語レベルの発言がほとんど。本児が想像して行う創作活動は苦手。

対人関係：家族には本児から話しかけることができる。しかし、語順はバラバラで助詞も使いこなせていない。

〈保護者の考え〉

○本児は言葉の遅れがありコミュニケーションをとることがむずかしい。言語の力を判断し、学習の遅れが生じないか心配である。

〈相談機関より〉

○言葉の意味理解や説明の苦手さの改善・克服への配慮。

○口頭のみの指示だけでなく視覚的な援助や具体的な指示の配慮。

○暗黙のルールや非言語的な読み取りの苦手さへの配慮。

○似た平仮名や漢字等で、どこが違うかに注目を促す配慮。

1. 学校で行った合理的配慮や支援

⑴　学習上または生活上の困難を改善・克服するための配慮

「聞く」「話す」に自信をもち積極的に学習等に取り組むことができるようにするための指導を行った。また、「言語発達の遅れや異なった意味理解」等により、学習内容の習得の困難さを補完する指導を行った。

①教師の話し方の工夫

発音を明瞭にするように心がけ、指示した後に復唱させたり、視覚的な支援を行ったりした。また、話しやすい環境をつくったり、子どもの失敗への対応に留意したりすることに努めた（通常学級、以下通常と略記）。

②通級による指導

絵カードや平仮名カードなど活用し、物や季節の言葉など語彙を増やすことができるように支援を行った。グループ指導では、気持ちや感情、言葉の表し方などコミュニケーションスキルが高まるよう指導した（通級学級、以下通級と略記）。

(2) 学習内容の変更・調整

「読む」「書く」等特定の学習内容の習得にむずかしさがあり、基礎的な内容の習得を確実にすることを重視した学習内容の変更・調整を行った。

①見通しがもてる工夫

学習のねらいを提示した後、どのような学習活動を実施するか三つ程度で指示し、黒板に書くことで学習内容を分割した。口答による指示だけでなく、視覚的な援助を行うようにした（通常）。

②通級による指導

個別指導では、四つ程度の学習活動を設定し、語彙を増やし、言葉の意味を正しく理解できるよう指導に努めた。また、グループ指導では、ソーシャルスキル指導を実施し、体験的に学ぶことができるようにした（通級）。

(3) 情報・コミュニケーションおよび教材の配慮

読み書きに時間がかかる場合があり、本人の能力に合わせた情報を提供したり、聞き逃しや見逃しが多い場合には、伝達する情報を整理して提供したりした。

具体的には、聞き逃しによる指示理解ができにくく、WISC-Ⅳ心理検査の下位検査でも、ワーキングメモリに課題があることが明らかになった。そのため、目を合わせ繰り返しての指示や復唱、メモや場所など視覚支援を心がけた（通常）。

(4) 心理面・健康面の配慮

苦手な学習活動があることで、自尊感情が低下しやすいため成功体験を増

やしたり、友だちから認められたりする場面を設けた。

(5) 学習機会や体験の確保

体を大きく使った活動やさまざまな感覚を同時に使った活動等、身体感覚の発達を促すために活動を通した指導を行った。また、活動内容を分かりやすく説明して安心して参加できるようにした（通級）。

(6) 専門性のある指導体制の整備

教育相談担当の外部専門家からの助言等を生かし、指導の充実を図ったり、通級による指導等学校内の資源の有効活用を図ったりした（通常・通級）。

2. 支援の検証とアフターケア

支援内容	検証	アフターケア
① 学習上または生活上の困難を改善・克服するための配慮	個別指導では、語彙を増やし、言葉の意味を正しく理解できるようになってきたが、十分とは言えない（通級）。 グループ指導では場に応じたふさわしい行動がわかることに取り組んだ（通級）。	個別指導では、語彙を増やし、言葉の意味を正しく理解できるように引き続き指導する。また、学校だけでなく、家庭でのかかわりを助言した（通級）。 グループ指導では、楽しく学習しているため、般化できるように継続していきたい（通級）。 通常の学級担任と連携を密にして、「聞く・話す」「読む・書く」等を確認して、通常学級での支援の向上につなげる（通級）。
② 学習内容の変更・調整	見通しをもてる工夫を行ってきたが、毎時間での実施は十分と言えなかった（通常）。	通級で行っている指導や支援のよさを通常の学級で、とくに「聞く・話す」「読む・書く」等に生かすことができないか連携を密に図りたい（通常）。

③ 情報・コミュニケーションおよび教材の配慮	目を合わせ繰り返しての指示や復唱、メモや場所など視覚支援を心がけ、有効だった（通常）。 ICTを活用した授業や、本人が用いた学習を増やすことが課題になる。コンピュータ、デジタル教材を活用していきたい（通級）。	ICTを活用した授業や、本人が用いた学習を増やすことが課題になる。コンピュータ、デジタル教材を活用していきたい。
④ 心理面・健康面の配慮	成功体験を増やし、友だちから認められる機会の増加に努めたが、まだ十分と言えない（通常）。	心理的な安定を図るために、成功体験を増やし、友だちから認められる機会を増加したい（通常）。
⑤ 学習機会や体験の確保	体験的な活動を実施できるようにした（通級）。	今後も多感覚で学べるように教材・教具を整備していきたい（通級）。
⑥ 専門性のある指導体制の整備	年度当初に外部専門家によるコンサルテーションの場を設定したが、継続できなかった（通常・通級）。	外部専門家に児童観察を依頼し、指導の様子や今後の課題についてコンサルテーションの場を設定したい（通常・通級）。 管理職も同席してより合理的配慮につなげたい。

　個別の指導計画等に基づいた指導の際に、上記の①から⑥の観点での取り組みが求められる。学校で行う合理的配慮は、就学前からの支援の連続性や継続性という視点が必要になると考えている。したがって、その視点から見て、合理的配慮が有効であったのかどうかの検証とアフターケアを計画し、実行し、評価し、改善する。管理職は、合理的配慮を検討する際には、計画の前にアセスメントを特別支援教育コーディネーターと一緒に行い、校内の人的・物的資源を考慮して、保護者の思いや子どもの困り感に寄り添いながら、よりよい成長を願って最大限の支援を行う。すべての子どもの学びのために。

§5

保護者との信頼関係づくり
五つの原則

保護者との信頼関係づくり五つの原則

お互いの存在に関心を示し合うということ
——子どもを支援するよきパートナーとなるために

佐賀大学教授　日野　久美子

　合理的配慮は、学校（教師）と家庭（保護者）間においてどちらか一方の好意や善意、または遠慮などのうえに成り立つものではない。両者間の、正当で実現可能な範囲内における妥当な要求による合意形成のうえに成り立つ。このような合意形成を図るためには、お互いの間の信頼関係が前提となる。

1．すれ違う思い

　進級して学年が変わる時期になると、「毎年、子どもについて同じことを先生に伝えなくてはならない」と、不満げにあるいは情けなさそうに話される保護者に出会うことがあった。その様子から、「先生や学校に言ってもその甲斐がない」、という心の内が見えてくる。学校に伝えたことが、よい結果、つまり学校での子どもに対する理解や具体的な手立てにつながるのであれば、保護者も「また伝えたい、一緒に考えていきたい」と思われるであろう。一方、教師からも、「子どもについて保護者に相談しようとするが、なかなか取り合ってくれないし、理解してくれない。どうしたら理解が得られるのだろうか」、というような悩みをよく耳にする。

　このような場合、教師と保護者の間には一人の同じ子どもがいて、その子どもの問題を介して両者は向き合っているのだが、さまざまな要因が絡まってその思いに温度差があるように思われる。結果として、自分が知っている子どもの姿を絶対視し、そのフィルターを通して相手に伝えようとしているのではないか、あるいは、お互いが相手に抱く印象についても、自分の解釈によるフィルターをかけて判断しているのかもしれない、と感じることがあった。そうであれば、そのフィルターを取り除くためには、子どもの問題だけに焦点を当てるのではなく、「子どもを家庭で支える保護者、学校で支える教師」というお互いの存在について、もっとよく知ること、関心を持つこ

とが必要であろう。

2. 通級による指導について合意形成を図る「連携会議」から

(1)　保護者にとっての管理職の存在

　私が通級指導教室担当であったとき、その年の通級による指導を開始するに当たって、学級担任と保護者がお互いの情報を持ち寄り、通級による指導の目標を決める「連携会議」を開いていた。他校通級の場合も含めて、その多くが校長室で開かれ、校長先生あるいは教頭先生もメンバーの一員として話し合いに参加されることがほとんどであった。担任や特別支援教育コーディネーターだけでなく、管理職の先生がその場にいるということは、「学校全体でその子どもに関心を持っている。かかわりを持とうとしている」ことの表れとして受け取られる。

　この会議の帰り道、管理職の同席に対して、「校長先生にも同席してもらって、ありがたい」とほっとした表情で感謝のことばを述べられる保護者が何人もおられた。学校組織を背負っている管理職は保護者にとって大きな存在であり、その温かい眼差しが大きな安心感につながることを実感した。

(2)　お互いの知っている子どものことに、関心を寄せ合う

　この「連携会議」では、全く同じ項目内容による「お子さんアンケート」に、学級担任と保護者に事前に記入してもらい、それを元に情報交換を行った。たとえば「何をしているときが一番楽しそうですか」「学習面で困ったり苦労したりしていることは何ですか」という同じ質問に対して、教師と保護者の記述が同じであったり違っていたりする。これらについて実際に自分の知っている子どものことを紹介し合うなかで、学校・家庭といったそれぞれの場での子どもの様子を確認したり、自分の知らない子どもの成長を知ったりすることができた。たとえ違うとらえ方であっても、「場が違うから子どもの行動が違うのは当たり前だ」と、相手の語る内容を素直に受け入れている様子が印象的であった。また、「お子さんへの対応で心がけていることや、その結果について教えてください」という質問に関して、お互いが遠慮なく自分の子どもへのかかわり方について紹介し合い、さらに自分の支援に生かしていこうとする発言も多く聞かれた。

このような話し合いにおいては、子どもの問題行動に焦点が当たるのではなく、子どもの姿全体が浮かんでくる。学年当初ということもあり、新しく学級担任となった教師はアンケートにまだ記入できない項目が多いことを、申し訳なさそうに断ることもあった。しかし、保護者が関心を寄せるのは、そこに記入された量ではなく、この資料を作成する過程においてわが子に関心を寄せている教師の姿であり、それが担任に対する信頼へとつながっていった。もちろん、ここに同席する管理職の対応は、保護者の学校に対する信頼感に大きく影響を与えることになる。

⑶　子どもを支援する対等な立場のパートナーとして向き合う

お互いの存在に関心を持つと言っても、もちろん素性をあれこれ探ることではない。まずは、お互いを子どもを支援するためのパートナーとして、対等な存在だと認識することが大切である。

当然ながら、学校と家庭という異なる「場」では、子どもの生活も行動も違うため、それぞれの場で子どもにかかわる教師と保護者では、その役割も異なってくる。教師は学校におけるさまざまな学習を保障し集団適応力を伸ばそうとする。一方、保護者は家庭において子どもの一生を見据え、生活全般における成長を促す。子どもの健やかな成長のためには、どちらの役割も欠かせないものであり、それぞれの場でこれらの役割や責任を分担しているととらえたい。このようなお互いに尊重し合えるパートナーの存在が、子どもの気持ちを安定させる大きな要因になる。

3．合意形成の場で信頼関係をつくるために

⑴　保護者の気持ちを想像する

合理的配慮は、その子どもの何らかの課題や問題に対して行われるものであり、そのための合意形成の場では、これらに関する学校での状況を話題に出さざるを得ない。ここで関心を寄せなければならないのは、子どものための支援を考えるためとは言え、このような場にまだ慣れず、不安な気持ちを抱えて席に着いている保護者の気持ちである。学校での子どもの行動に対して、教師の思いや考えを一方的に保護者に押しつけたり、責任を転嫁したりするようでは、保護者の学校への信頼や理解どころか関心まで失ってしまう。

(2) 支援者として共有したいことを明確にする

この場で教師と保護者が共有したい思いは「学校が子どもにとってよりよい学びの場であるためには、どうしたらよいかを一緒に考えたい」「子どもがよりよい学校生活を送れるように、共に支えたい」、ということである。そして、そのことは学校全体の意志であることを、管理職が自信を持って保護者に伝えることが大切である。

具体的な支援を考えるにあたっては、子どもが学校で困っていることやつまずきの様子などについて、それがどんな場面で起きているのか、どのようにすれば困らずに過ごせるのか、そのようなかかわりのなかで見られた子どもの成長なども併せて伝えながら進めることが有効である。保護者に、子どもの学校生活全体に関心を持ってもらうということも大切である。このような話の内容が、保護者の家庭における子どもへの関心の向け方や接し方にもつながっていくことを期待したい。

(3) 受け入れられる時期を待つ

このようにいろいろなことに関心を払いながら話し合いを重ねても、学校の思いが保護者になかなか受け入れてもらえない場合もある。そのようなときには、「保護者にも受け入れられる時期がある。今はまだそのときではないのだ」ととらえることが必要である。もちろん、その間も学校では子どもに対してできることを積み重ね、子どもの成長を保護者に伝える機会を定期的に働きかけながら、そのときを待つのである。もしかすると、それは子どもが卒業してからかもしれない。しかし、そのような学校の思いや対応は、何よりも目の前の子どもがしっかりと感じていると信じたい。

＊

通級指導教室に通う児童の親の会を学校で開いたとき、「校長先生に『今日は、親の会ですね。お疲れさまです』と声をかけられた」と嬉しそうに話すお母さんの話で盛りあがった。管理職は、「子どもとその保護者」「子どもとその学級担任」「子どもを間においた学級担任と保護者」など、つながりや関係性に関心を持つことが必要である。そして、そのような機会を設定したり、逃したりしないようにすることが大切であると考える。

保護者との信頼関係づくり五つの原則

保護者の価値観を尊重する
——校長・教頭としての心構え、なすべきこと

滋賀大学准教授　川島　民子

　子どもたちの姿に隠された思い、必要とする支援を理解するためには、本人の声を聞くことが一番の方法である。同様に、保護者の価値観についても、保護者の声を聞き、理解することが一番の方法と考える。これまで出会った保護者の言葉のなかに、校長・教頭としての心構え、なすべきことが数多く含まれていると実感することが多い。そのなかで、今年4月から大学生になるMさんを娘にもつ保護者Kさんから、学齢期前半から振り返ったお話を伺う機会に出会えた。生の言葉をもとに心構え、なすべきことをまとめたい。

1. 周囲からみえるなかでの支援を受け入れるサポート
——安心できる環境をつくる

　Mさんの支援について、小学校3〜4年の頃には、親子で考え始めたそうである。

　Mさんは、小学校1・2年生の頃から連絡帳を書くのがたいへんで、「自分が書けないと班のみんなが帰れない。一番最後で迷惑をかけている。がんばらなきゃ。だから、努力しなきゃ」という毎日を過ごしていたそうである。その様子を見ていたKさんは、母親として「正確に覚えることが目的であれば、大きく数回書くことのほうが娘には適している。ノートのマス目に文字を入れることが目的なら、漢字をたくさん書かなくてもよいのではないかな」「使いやすいノートや文字数の少ない漢字練習帳の利用許可をもらったらどうかな」と考えていたそうである。このように身近な母親の理解があったにもかかわらず、Mさんは、「今の学級の雰囲気ではいじめられるかも。楽してるって思われるかも。ずるいって言われるかも。学級のなかで居場所がなくなるかも」「みんなと同じ量の漢字練習をしていないと友だちから指摘を受けて嫌な思いをする」という思いを抱え、支援の導入を拒否してしまった。

　そこでKさんは、学年が変わった小学校3・4年生の時期に、親子の認識

のズレを感じながらも、Mさんの思いを押し切り、「支援を受ければ、娘の物事を理解する力と、書く力に乖離があることが先生に伝わり、努力不足という印象が変わるかもしれない」と、支援の導入を学校に求めたそうである。しかし、Mさんが「支援を受けなければいけないほどひどいの？」と訴え、さらに「支援を受けて出せる力は本来の自分の力ではないかもしれない」「それなのにさらに、学級の友だちから『不公平』という指摘を受けてまで支援を受けたいとは思えない」とまで考えるようになってしまったそうである。

　このような経過があったことで、Kさんは悩みながらも、小学校5年生になった時点で、「本人の承諾がないまま学校で支援を導入することは困難である」と判断し、支援の導入を断念せざるを得なかったのである。

　このとき支援の導入の障壁となったものは、学級の雰囲気であった。学級のなかに、それぞれの子どもたちの居場所があり、安心して過ごせる雰囲気があれば、Mさんが支援の導入を拒否することにはならなかったのだろう。

　Kさんは、「通常の学級で支援をスタートするには、当たり前にクラスが落ち着いていることが必要である。学級経営がうまくいっていないところで、インクルーシブ教育はむずかしい」と強く訴えている。

2. 支援をうけた成功体験が大切
──自らの困難を認め支援を依頼する第一歩につなげる

　それでも、転機になった出来事があったそうである。Mさんが、DO-IT JAPANという外部団体で、障害の種別や程度は異なっていても同じ困難を抱えている仲間と出会い、自分の障害を客観的にみる機会があったことである。書字の後に、頭痛や吐き気がおき、寝込んでしまう仲間の話から、共通の状況であることを理解したり、体温調整についても、外気温や環境温度に非常に影響を受けてその対応に苦慮している話から、「一度上がったり、下がったりした体温を戻すことに時間がかかるのは自分だけではないんだ。苦しいと言ってもいいんだ」という気づきにつながったそうだ。

　Mさんは、この頃を振り返って、「仲間と出会う前、支援は『贅沢品』だと思っていた。支援がなくても命にかかわらないから、支援が必要ですとは言えなかった」「でも、仲間と出会い、自立を考えたときに、自分にとって

の支援は、学校だけではなく社会に出てからも『必需品』だと分かった。『私にとってのえんぴつ、消しゴムは、PC』」と言っておられる。

　Mさんが支援依頼できたのは、「何かの支援を受けることは特別ではない、支援を受けて出せた力は自分の力である」と思えた「実感」とそれによってできた「自信」という成功体験があったからである。これが学校生活のなかにあれば、「私には支援が必要です」と自分で支援依頼できただろう。

　この後、たとえば高校受験に際しては、「受検の小論文の作成をPCでしたい」という支援の必要性を、自分で言葉にできるようになったそうである。本人の支援依頼があったことで、学校側も「やれることはできるだけやってみましょう」という対応を示し、別室でPC使用による受検の許可が下りたとのことである。高校1年生の支援会議で、デジカメでの板書の許可依頼をしたり、文書で書字障害の理解の申し入れをしたり、音への配慮としてノイズキャンセリングイヤホンの使用許可を求めたりすることに繋がっている。

　ただ、高校受験に関しては、本人の支援依頼はあっても、どの母親も、中学校から受験する高校へ配慮申請を行うことへの躊躇は、かなり根深くもっておられるそうである。障害者差別解消法が施行され、高等学校側では配慮申請を受け入れる準備が進んでいるにもかかわらず、中学校が「不利になるのではないか」と躊躇する事例が変わらずあるからである。「保護者もまた大きな不安のなかで担任に打診している」と強く述べておられる。

　「書くことはものすごくエネルギーを使うこと、世の中がうるさいことは当たり前のこと、周りも同じで、上手くどうにかしている。でも実は、周りは書くことや、当たり前の日々の生活を送ることに、こんなにエネルギーを使っていない、だから放課後に遊ぶ体力が残っていて、交換日記ができる」と分かり、ほっとしたそうである。学校生活の期間に、さまざまな支援は自分にとって当たり前のもの、使うと楽になるという実感をもつことができ、支援を求める一歩があってほしい。

3．自分に必要な支援を考え、交渉し、調整できることを目標に

　Kさんは、「本人の言語化を手伝う存在や、本人が時間をかけてでも言語化していく大切さを気づいてくれるといい」とも考えておられる。現在の学

校生活だけではなく、親元を離れて自立したり、親がいなくなったりした後という将来の生活を見据え、蓄えておくべき力を考えておられるのである。

現在、高等学校ではいくつかの配慮が行われている。

普段の授業のノートテイク用の持ち込みPC、定期考査でのPC使用、授業準備のためにプリント作業によるデータ事前配布、メールによる課題提出、学校のICT教室使用、試験科目の教科の先生による試験監督、図書館でのPC使用などである。

以上のような支援が導入されているが、小学校3・4年生から支援の導入を考え始め、高等学校になってようやく導入できたのである。

とくに、体育館での行事でのノイズキャンセリングイヤホンの使用一つをとっても、学年を越えた経過があった。当初は、音の大きな行事では保健室での待機や体育館の外での参加の許可というものだった。その配慮もあり、学年が上がり、Mさんが自信を取り戻して集団への安心感がもてた。そして、Mさんが自分で「ノイズキャンセリングイヤホンを装着して行事に参加したい」と支援依頼も出せた。しかし希望はしたものの、携帯音楽プレイヤーとの見分けがつかず、他の生徒への説明が困難という理由により許可されなかった。ここでKさんもMさんも学校も諦めずに、「見分けがつくように工夫する方法」を考え、ヘルプマークを機器につけ、見えるようするという工夫を見出した結果、ようやく許可がおりたのである。

「通常の学級にいる子どもたちは支援が必要だと言い切ることはむずかしく、保護者もまた支援をしていただいても、うまくいかなかったらと不安を抱えながらの支援依頼をしている。これまでの経過を通じて、支援者が『必要である』と理解し、提供していくことがどれだけ大切かを実感した」「そのためには、個別の教育支援計画を活用し、子どもたちが自らもつ力を発揮できるような方策を学校の先生、保護者、関係機関が試行錯誤できる協力関係をつくれるようになってほしい」とまとめている。

執筆に多大なるご理解を示し、ご協力くださった河髙素子さん、河髙康子さんに深く感謝いたします。

〈参考文献〉

⑴　河髙康子「通常学級で合理的配慮を実現するために必要な準備とは何か──読み書きに困難のある子どもの公立学校でのICT機器利用の事例から」日本LD学会自主シンポジウム、2017年。

⑵　河髙素子「感覚過敏は配慮を受けてカバー。支援する側を助ける仕組みを作るのが夢」『実践障害児教育』2017年9月号、学研。

⑶　NHK発達障害プロジェクト（http://www1.nhk.or.jp/asaichi/hattatsu/confession.html）。

保護者との信頼関係づくり五つの原則

否定せず保護者の思いに焦点をあてて聴く

新潟大学教授　古田島　恵津子

1．理解を得られなかった面談

　1年生のAさんの担任から相談があった。Aさんは、授業中、席に座っているが、ぼんやりとしていることが多い。指示された内容が分からないのか、活動や作業への取り組みが遅れる。一人でできないこともたびたびあった。家でも宿題を一人でやり遂げられず、保護者も困っているという。学校での様子を知らせ、支援方法を検討するために心理検査を受けてもらうことになった。結果は、平均を大きく下回った。特別支援教育コーディネーターと担任がこの結果を保護者に知らせ、今後の支援方法について相談を行った。選択肢の一つとして通級や特別支援学級があることを伝えた直後、「幼稚園では、『大丈夫』と言われたんです」と保護者が話した。「そうですか、でも、今一番つらい思いをしているのは、Aさんです。Aさんが学校で楽しく過ごせるように一緒に今後のことを考えていきましょう」と特別支援教育コーディネーターは励ました。しかし、この後、保護者との話し合いは平行線をたどるようになった。

2．障害受容の過程

　保護者が障害を受容する過程について、中田洋二郎（1995）は、「段階説」（Dortar, et al. 1975）と「慢性的悲哀説」（Olshansky,1962）の二つを中心に検討している。「段階説」とは、障害を持つ子どもの誕生に対する親の反応を、ショック、否認、悲しみと怒り、適応、再起の5段階に分類する。障害を知ったために生じる混乱は、必ず時間経過とともに回復し、やがて障害を受容するという説である（図1）。「慢性的悲哀説」は、障害を持つ子どもの親は慢性的な悲哀に苦しんでいるという説である。いずれの場合も専門家はそれを乗り越えることを励ます。その結果、親の混乱や怒り、悲哀などの感情表現が認められず、親の苦悩を招いたり親が現実を否認したりする要因

になったりしているという。

これに対し中田らは独自の調査を行い、障害受容について検討した。外見上障害がわかりにくい自閉症などでは、回復への期待からその受け容れには非常に幅があった。診断前から受け容れるケースや9年以上かかるケースもあった。「ショックはその都度あって、期待やあきらめの両方があると思う。……今だって悲しい気持ちで落ち込むけれどその波がだんだんと緩やかになっている感じかと思う」と述べる親もいた。

これらを受けて、中田は図2のような螺旋状のモデル図を提案している。親の内面には障害を肯定する気持ちと否定する気持ちの両方が常に存在する。二つの感情は交互に現れ、否定や肯定の時期を繰り返し、その過程全体を通して障害を受容していく。否定の時期も含めてすべての状態を適応の過程ととらえるのである。

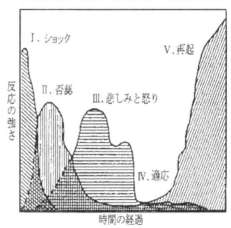

図1　先天奇形をもつ子どもの誕生に対する正常な親の反応の継起を示す仮説的な図

※『早稲田心理学年報』27号より。

図2　障害の受容の過程

※『早稲田心理学年報』27号より。

3．保護者の気持ちに寄り添うむずかしさ

後でわかったことだが、Aさんは健診のたびに言葉などの遅れを指摘され、相談を勧められていた。保護者もAさんの発達について日々心配していたのである。その時期に、幼稚園の先生から「大丈夫」と言われた。その言葉を信じようと思ったのだろう。しかし、小学校入学を機に、わが子の今の姿と向き合ってみようとしたのである。「肯定（適応）」と「否定（落胆）」を繰

り返し、再び適応しようと一歩踏み出した最中であったのかもしれない。

　学校側には、保護者は子どもを守り育てる義務があり、そのために現状を受け容れ乗り越えるべきだという「段階説」のような期待がある。保護者の言葉を聴いて、検査結果にショックを受けているとはわかったものの、「でも、一番つらいのはＡさんです」と言っている。「そんなはずはない、切ない、不安」という保護者の気持ちを無視し、それを表現する機会を抑え込んでしまった。「一緒に今後のことを考えていきましょう」と励ましているが、自分の気持ちを話せなかった保護者は、学校側の話を聴く余裕を失ってしまった。一般的に、理解してもらえないと思う相手に対しては、心を閉ざしてしまう傾向がある。「わかってくれない」と保護者は思ったのだろう。否定せず保護者の思いに焦点をあて聴くことができなかった事例である。

４．分かろうとして聴く

　Ａさんの保護者に限らず、学校と保護者の意見が合わないことは多い。現状のとらえ方、支援方針や学校の取り組みへの不満など、面談の目的はさまざまである。意見が合わない場合は、どうしても構えてしまったり説得を試みたりして、保護者の思いに寄り添うことがむずかしくなる。保護者が「わかってくれない」と感じてしまう状況に陥りやすい。

　一つの方法として、お互いを専門家、あるいは仲良くなりたい人と想定するとよい。たとえば、病気の治療方針について医師が説明をする際は、まずはその話や意見を聴こうとするだろう。仲良くなりたい、友だちになりたいと思えば、まず、相手の話を聴き、相手の興味や関心に合わせて話をしようとするだろう。それが、「わかろうとして聴く」という姿勢につながる。

　面談の前に、そのような心情になるよう自分自身に暗示をかけるのである。実際、保護者は家庭での養育に関する専門家であり、子どもの支援のためにどうしても協力を得たい人、つまり、仲良くなりたい人である。

　「あなたが考えていることを理解したい」という気持ちを態度と言葉で表現する。この姿勢は、安心感を生む。このような気持ちで臨めば、保護者の批判、不満、否定、不安、怒り、悲しみ、それらも含め、まずは受け止めることができるのではないだろうか。それが「否定せず保護者の気持ちに焦点

をあてて聴く」ことにつながる。

5. 保護者自身が考えを整理する機会をつくる

　「わかろうとして聴く」姿勢を相手に伝えるためには、相手の話に合わせて、適度な頷き、「そうなんですね」等の繰り返し、質問等を行う。

　たとえば、Aさんの保護者との面談において、保護者が「幼稚園で『大丈夫』と言われたんです」という話をしたときに、その内容について繰り返しや質問をしてみるとよかったかもしれない。

　「大丈夫と言われたんですね」。

　「そうなんです。そのうちに追いつくと言われたんです。でも、健診で言葉の遅れがあると聞いていたので、心配していたんです」。

　「ずっと心配をしていらしたんですね」。

　「そうなんです。ずっと心配してきたんです。これからどうなるんでしょう？とても不安です」。

　「どんなことが不安ですか？」。

　こんなふうに、繰り返しや質問をすることによって、保護者は自分の心情を振り返り、整理する時間を得ることができる。大人であっても、自分の心情を正確に認識することがむずかしいことがある。ましてやそれを言葉で表現することはなおさらである。相手が話を聴いてくれていると感じると、落ち着いて話をすることができる。聴いてもらうだけで、自分の気持ちを整理できることもある。

　親としてどう行動するかを決定するのは保護者自身であり、納得しなければ行動には移せない。保護者の気持ちに焦点をあてて話を聴くことによって、保護者自身が感情や考えを整理したりまとめたりする機会をつくることができる。結果として、学校側の話を聴く余裕も生まれる。学校としての意見は問われた時点で述べても遅くはない。否定せずに保護者の気持ちに焦点をあてて聴くことは、保護者自身の自己理解や自己決定を促すのである。

〈引用文献〉
　中田洋二郎「親の障害の認識と受容に関する考察——受容の段階説と慢性的悲哀」『早稲田心理学年報』27号、早稲田大学文学部心理学会、1995年。

保護者との信頼関係づくり五つの原則

面談は保護者が元気になることが原則

埼玉大学教授　櫻井　康博

　特別な支援を必要とする児童・生徒を育てられている保護者との面談は、普段以上に気をつかう必要がある。保護者は子育てのいろいろな場面で、ショックを受けられたり、否定をしたいくらい子どもの障害を受容できないことを経験なさってきている。そのような状況にある保護者と信頼関係をつくり、共に力を合わせながら教育活動を進めるためには、特別な支援が必要な子どもを育てられている保護者の姿や心理を受け止めながら、元気になるきっかけとなるよう導くこと、そして教師は指導する立場でなく共に支え合える立場となること、加えて合理的配慮に不可欠な合意形成につながるよう工夫した面談を行うことが大切である。そこで私が特別支援学校の教員や相談室の指導主事、そして小学校や特別支援学校の校長として、たくさんの保護者との面談を通して体得した二つの手法をお伝えする。

1．言葉の受け止め

(1)　発達障害の可能性のあるAさんとの出会い

　小学校の校長室に、私と話をするため5年生のAさんが1年以上続けて毎日昼休みに来室していた。午前中のがんばりを報告し承認を求めたり、友だちに嫌なことをされ憤りをぶつけたり、午後が苦手であり、かつ苦手な教科もあり、午後の過ごし方を独り言のように話しながら気持ちを整理する場であった。

　11月のある日、この日のAさんはいつもにましてイライラした様子で校長室に飛び込んできて、ソファーに寝ころび「校長死ね、校長くび」「校長死ね、校長くび」と繰り返し大きな声で叫び続けた。私はしばらく様子を見た後「Aさん、どうしたの？」と静かに聞くと、Aさんは泣き出し「お父さんが死んだ！　死んじゃった」と言った。病気で入院していたお父さんが昨夜亡くなったことを朝から誰にも話せなかったようで、私に精一杯発した言葉が「校長死ね、校長くび」だった。これはAさんの「校長先生悲しいよ、助けて」

の表れであった。Ａさんは「悲しい」「助けて」などという言葉を、プライドのためか言うことがむずかしい児童であった。代わりに相手がいやがる言葉、気になる言葉を使うことが多く、学級ではトラブルの原因ともなっていた。このようなタイプの子どもは少なくないようだ。

　もし「校長死ね、校長くび」をその言葉どおりコミュニケーションとして受け止めていたなら、「そんなことを言う人は校長室に来てはいけません」と答えていただろう。そのように対応をしていたのならＡさんは次の日から登校しない子どもになっていたように思う。

⑵　「担任を変えろ！」

　５月、小学校の校長室で「担任を代えろ！」と５年生男子のＢさんのご両親から訴えられた。学力面で心配のあったＢさんは、３年生のときに不登校状態となり、４年生では担任の支えで１年間通学でき、５年生でも順調であったが、だんだん学校のことを話す回数が減り５月下旬になり３日続けて欠席、その翌日ご両親がこのままではまた不登校になるとご心配され来校された。

　５年の担任は若い男性教員で、休み時間によくＢさんと遊び、またＢさんも喜んで担任の手伝いをする姿を私は見かけていたので何か背景がありそうだと感じた。４年の担任は支援が必要な児童への対応がとても秀でていたベテランの教員で、この年は担任を外れ特別支援教育コーディネーターを命じ、在籍する児童全員（約1,100人）の担任のような動きを求めていた。

　Ｂさんが欠席をした日、母親が３年生のときのこともあり心配になり、担任に電話で相談をしたという。担任は欠席届と受け止め事務的に対応したようだ。その夜から両親は相談を始めている。翌日も母親が心配になり担任に電話を掛けたが「５年生になってからよくがんばっていたから疲れが出てきたのでしょう」と短い電話で終わってしまったという。そして欠席が続くため不安が大きくなり、今日とうとう父親も仕事を休み来校となったということがわかった。

　「担任を代えろ！」の裏側の意味は、「親として心配だ。この心配を支え共に考えてくれる教員を担任にしろ。４年時の担任が今年は担任外だから息子の学級の担任になればいい」とご両親が考えられたことを推測することがで

きた。つまり、今の担任がBさんにとって良い悪いではなく、保護者の不安を受け止めてくれない担任に対する不満と、不安の増幅が「担任を代えろ！」という言葉になったのである。

私は「ご両親は、学校を休むBさんを見て、3年生のときのこともあるからご心配でしたよね。悲しい苦しい思いをさせてしまい申し訳なかったですね。私も元気なBさんが好きだから応援していたんだけど。実はこのところ欠席が続き心配していました。今の担任と4年のときの担任と一緒に相談もしていたんですよ」と共感で受け止めた。

そして「4年のときの担任も心配しているからご両親と話せるよう機会を設けましょう」と提案した。すると「校長先生も気にかけてくれているし。担任も一生懸命なことがわかるし」という父親からの言葉が聞けた。

具体的には毎週金曜日夜、4年時の担任がBさんの家に電話をかけ、保護者と話すようにした。これはBさんの欠席の始まりは月曜日が多いため両親は週末の過ごし方に不安を感じていたこと、母親は決まった曜日時間に話せることで安定できることなどを考え設定した。その後は保護者も安定し、Bさんも元気に登校が続けられた。

⑶　言葉の意味

言葉はコミュニケーションのために使われることが一般的であるが、私たちは感情の発露にも使っている。たとえば、帰宅し「ああ疲れた、仕事終わらないよ、なんで俺ばっかり忙しいんだ」と言ったり、炎天下「暑い、暑い、いやになる」と言いながら部活の指導のため校庭に出るなど、独り言でイライラを発散しバランスをとっている。

特別な支援が必要な児童・生徒や育てられているご両親が発する言葉には、感情の発露によるものが少なくないようだ。これはTPOを使い分けることが苦手であったり、余裕がないために発してしまったり、子育てがむずかしく被害者意識のような感覚からくる表現ではないかと推測している。

通級指導教室に通っている言葉に課題がみられる子どもの多くは、器質や学習、そして心理面に要因があるといわれている。言葉はコミュニケーションの手段といった一面でとらえるのではなく、子どもも保護者も、その心理面が投影されやすいものであると受け止めたい。

2. ほめて育てる

(1) 保護者との面談での秘訣

子どもが「授業中落ち着かない」「けんかが多い」など指導が困難なとき、状況を伝えるために臨時に保護者と個別面談をすることがある。特別な支援が必要な子どもの場合は、なかなか行動は変わらないので、保護者は教師から「学校に面談に来てください」という連絡を受けると憂鬱だという。「また指導されちゃう、でも治らないんだから、困ったな」という気持ちだという。

そこで面談の工夫が必要である。教師がまず本児のよいところをたくさん取りあげ認め、ほめることから始め、「お母さんが子育てをがんばってきたからですね」と付け加える。すると保護者から「うちの子は先生にご迷惑をおかけしていませんか」と問われることが多い。私はそこから本題に入るようにしている。

保護者も教員と同じように、どのような手立てを講じれば子どもの行動が変わるのかわからずに困っている。したがって「家でしつけてください。指導してください」は禁句だ。指導される側と指導する側に分かれるのではなく、保護者と教員が共に力を合わせ子どもを育てるといったパートナーとしての連携を図りたいものである。

(2) 子どもの姿を見える化

保護者も教員も、子どもの凹の部分に着目し指導をしがちである。特別な支援が必要な子どもの場合、よりいっそうこの傾向が強いようだ。そこで保護者面談では「ギザギザ図」(図)を用いることにしている。子どもの姿を凹凸両面で整理し、見える化を図ることで、凹に視点が集まることを

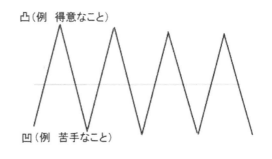

図　ギザギザ図

防ぎ、凸にフォーカスしほめて育てるきっかけを共有することができる。

　たとえば、能力に関することであれば「授業中集中して聞くことは苦手だから凹、でも本を読むことや見ることは得意だから凸」、行動面では、「イライラすると大きな声を出すから凹、でも下級生の面倒をよく見るから凸」、性格面では「きれやすい性格だから凹、でもやさしいから凸」などと、子どもの姿を凹凸の状況に分け、ギザギザ図に書き込む。

　誰にも得意なことと苦手なことがあるが、とくに特別な支援が必要な子どもの場合はより顕著である。保護者も教員も子どもの凹に関心が強く課題として取りあげ指導したくなるが障害の特性などは改善しにくいものである。

　そこで面談では、子どもの凸に着目し凸を学校生活や家庭生活、そして将来に活かせるように育てるための話し合いをもちたい。その結果、子どもは得意なことを発揮できることで自信がもて、認められることが増えることで自尊心が高まり、集団への帰属意識の醸成にもつながる。また、凹の部分のとらえ方も共通理解が図られ、対応策も見出しやすくなる。保護者には子育ての指針となり、また喜びを感じる機会ともなる。ギザギザ図を用いることで、子どものとらえ方を整理することができ、保護者と教員の共通理解のもと、ほめて育てることにつなげられる。

〈参考文献〉
　櫻井康博「Step Up! 教師力」『Booklet信教』vol.66〜69、信濃教育会、2015年。

保護者との信頼関係づくり五つの原則

継続的に協力・連携する

宇都宮大学准教授　原田　浩司

1．校内のチーム支援システムを育てる

　特別支援教育では、保護者相談の窓口が誰であるかが鍵になる。一般的には、校長が学校の実態に応じて担当者を決めている。通常は、特別支援教育コーディネーターや学級担任などが、保護者の相談に応じることが多い。そこで、大切なことは、担当者一人だけにすべての役割を任せないことである。他の教職員が知らないうちに話が進んでしまい、保護者ともめてしまってからようやく校長・教頭に報告することがあるからである。そうなってしまうと保護者は感情的になったり学校不信に陥ってしまったりして、事後処理に多くの犠牲を払うことになる。たとえ有能な担当者であっても同様である。

　校内のチーム支援システムが機能しているA小学校の事例を紹介する。A小学校では情報共有の方法を「単線型」から「ネットワーク型」システムに変更してから校内の情報が共有しやすくなった（図1）。管理職としても問題の把握がしやすくなり学校経営上も有効な機能として歴代の校長に引き継がれている。

図1　情報共有の方法

単線型システム
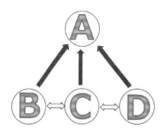
ネットワーク型システム
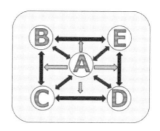

2. 学校と家庭の橋渡し

　子どもの課題に対しての日常的な相談や対応は、担任や特別支援教育コーディネーターの役割だが、校長・教頭のかかわりもたいへん重要である。ここで、前頁で紹介したA小学校の事例を紹介する。

　「単線型システム」のときのA校は、「特別支援教育コーディネーター」が担任からの相談を時々受けていたが、すべての担任の情報収集まではしていなかった。また担任間の意識の差が大きく、全く相談してこない担任もいた。さらに、担任間の情報共有の場もなかったので、学校全体で「合理的配慮」を必要としている子の共通理解ができていなかった。そのため、年度が変わるたびに担任から提出される「合理的配慮」のリストが違っていた。それは、担任だけの見方で「合理的配慮」の必要性を判断していたからである。

　A校では、こうした現状を改善するために「ネットワーク型システム」に変更し実行した。このシステムの特徴は、特別支援教育コーディネーターが中心となるだけでなく、各担任の情報がチーム支援や校内委員会、職員会議などさまざまな場で共有化され、教師相互で話し合う場が多様に仕組まれているところである。また、教師間の情報が校長・教頭にも即座に伝わるようになっているので、保護者との面談のときにも有効活用できる点で優れている。

　こうしたシステムを導入してからのA校は、校長が保護者と対応するときに、すでにその子の細かな状況が把握できているため安心して面談することができた。保護者にとっても、担任だけでなく校長自身も「合理的配慮」についてよく理解していることで信頼関係はさらに深まっていった。保護者にとって「学校の代表者」である校長からの「『合理的配慮』については、安心して任せてください」という一言がどれほど嬉しいものか計り知れない。

　校長が「学校と家庭の橋渡し」としてかかわることのメリットは、次のようにまとめることができる。

○担任が代わっても、校長は保護者に対して一貫した支援ができる。

○「合理的配慮」を次年度に引き継ぐ場合も、校長がその必要性を十分理解していれば、保護者に対して「個別の教育支援計画」や「個別の指導計画」

図2 「縦横連携」のイメージ

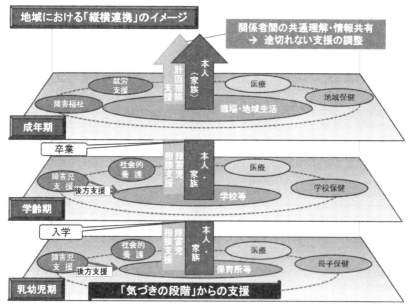

※厚生労働省・障害児支援の在り方に関する検討会「今後の障害児支援の在り方について（報告書）～『発達支援』が必要な子どもの支援はどうあるべきか～」平成26年7月16日。

に基づき、説明したり対応したりすることができる。

3．専門機関との連携を継続する

「合理的配慮」を継続していくためには、専門機関との緊密な連携が必要である(図2)。この連携が機能している栃木県那須塩原市の事例を紹介する。

同市では、市内に大学病院があり、特別支援教育についても医師やST（言語聴覚士）・OT（作業療法士）・PT（理学療法士）などの専門家と連携・協力する関係を構築する努力をしている。また、市の総合計画施策のなかに「発達支援体制協議会」を位置づけ、大学病院小児科医師やST・OT・PTの代表者を委員として委嘱している。また、この協議会委員として、大学准教授や小・中・高の校長代表、保育所・幼稚園の代表者、児童相談所、カウンセラー、ソーシャルネットワーカー、PTA代表者、心身障害児者父母の会、教育委員会、職業安定所、市福祉課などさまざまな専門家や職種のメンバー

が所属している。同市では、発達に課題があり支援の必要な子どもと保護者に対して、出生から20歳まで、早期から切れ目のない一貫した総合的な支援を継続して提供することを宣言している。こうした、保健、医療、福祉、保育、教育、就労支援等の関係機関が連携を図りながら子どもたちの支援を推進する取り組みは同市だけでなく全国的に行われ始めている。

校長は、こうした動向に関心を向け、教室で苦戦している子どもたちに具体的で有効な教育的支援を行うだけでなく、保護者に対しても日常的な相談と長期的な展望に立った支援の方向性を説明する責任がある。そのために「合理的配慮」の具体策は、学校だけでなく各専門機関と緊密な連携を図りながら行われる必要がある。

4. 保護者と子どもの成長を確認し合う

最後に、発達に課題があり支援が必要な子どもに対して「合理的配慮」に基づいた指導・支援を行ううえで、大切にしなければならないことは、毎年、「個別の教育支援計画」と「個別の指導計画」の見直しをすることである。とくに、支援が長期化する場合は、子どもの発達課題と「合理的配慮」の整合性を確認する意味でも、保護者と話し合うことが必要である。

那須塩原市では、こうした課題に対して学校で作成する「個別の指導計画」や「引き継ぎシート」と、保護者や本人が作成・保管する「サポートファイル」の有効活用をめざしている。しかも、その「個別の指導計画」と「引き継ぎシート」は、市のネットワークシステム・ファイルサーバにデータ保存される。従来の「個別の指導計画」は各学校で作成されたが、幼保・小中高校間の引き継ぎまでは行っていなかった。保護者からすると、学校が変わるたびに「合理的配慮」の継続性に不安を抱えたまま転校や進学をしていたことになる。そして、転校・進学先の担任や校長に子どもの発達課題や「合理的配慮」を説明する犠牲を払っていた。こうした、保護者や子どもの不安や負担を軽減する意味でも同市の取り組みは注目に値する（**図3**）。

このように市全体の取り組みにより、校長は「引き継ぎシート」の内容を吟味することになり、保護者と担任から発達段階に応じた「合理的配慮」について具体的に話し合うことができる。

図3 那須塩原市の発達支援システム

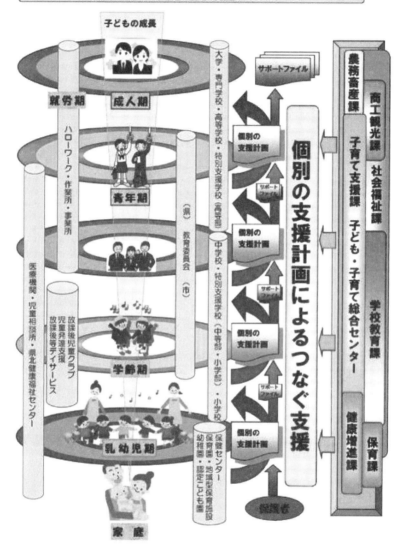

※那須塩原市ホームページより

❖執筆者一覧❖

《編集》

柘植　雅義　筑波大学教授／筑波大学附属大塚特別支援学校長

《編集協力》

川島　民子　滋賀大学准教授

古田島恵津子　新潟大学教授

櫻井　康博　埼玉大学教授

原田　浩司　宇都宮大学准教授

日野久美子　佐賀大学教授

《執筆》（執筆順）

柘植　雅義　筑波大学教授／筑波大学附属大塚特別支援学校長

藤本　裕人　帝京平成大学教授

久保山茂樹　国立特別支援教育総合研究所総括研究員

古川　恵美　畿央大学教授

田中　裕一　文部科学省初等中等教育局特別支援教育課特別支援教育調査官

福田　哲也　佐賀県白石町立北明小学校教頭

上戸　綾子　長崎玉成高等学校・長崎玉成高等学校附属中学部教頭

佐敷惠威子　滋賀県総合教育センター所長

松浦加代子　滋賀県湖南市立菩提寺小学校長

長谷川和彦　新潟県糸魚川市立ひすいの里総合学校教頭

古田島真樹　新潟県魚沼市立大巻小学校長

田野　信哉　埼玉県新座市立大和田小学校長

関口　利夫　埼玉県越谷市立大袋北小学校長

福田　宜男　栃木県鹿沼市立北小学校長

平田　陽介　佐賀県佐賀市立大詫間小学校長／前佐賀県みやき町立中原小学校長

松本　良一　福岡県久留米市教育委員会教職員課長

藤井　孝雄　前滋賀県長浜市立朝日小学校長

本間　謙一　新潟県新潟市立小新中学校教頭

栗岡　秀明　新潟県上越市立飯小学校長

矢田　明正　埼玉県さいたま市立与野本町小学校長

永妻　恒男　埼玉県さいたま市立大宮南中学校長

中尾　恵子　佐賀県伊万里市立滝野中学校教頭

公文眞由美　発達障がい者支援センターあおぞらセンター長

三浦　由美　宮城県教育委員会特別支援教育課副参事

山口比呂美　滋賀県高等学校教員

和泉　哲章　新潟県新潟市教育委員会管理主事

中田　仁司　新潟県長岡市立千手小学校長

山田　明　埼玉県熊谷市立市田小学校長

宮原　明人　長野県上田市立丸子中央小学校長

日野久美子　佐賀大学教授

川島　民子　滋賀大学准教授

古田島恵津子　新潟大学教授

櫻井　康博　埼玉大学教授

原田　浩司　宇都宮大学准教授

30の事例で理解する　校長・教頭の合理的配慮

2018年5月15日　第1刷発行

編集 ——————柘植雅義
発行者 —————福山孝弘
発行所 —————㈱教育開発研究所
　　　　　　　　〒113-0033　東京都文京区本郷2-15-13
　　　　　　　　TEL　03-3815-7041（代）FAX　03-3816-2488
　　　　　　　　http://www.kyouiku-kaihatu.co.jp
　　　　　　　　E-mail=sales@kyouiku-kaihatu.co.jp
装幀 ——————勝木雄二
印刷所 —————第一資料印刷株式会社
編集人 —————山本政男

ISBN978-4-87380-499-6　C3037
落丁・乱丁本はお取り替えいたします。
定価はカバーに表示してあります。